전정판

스포츠
윤리

황옥철, 이학준 저

dcb
대경북스

저|자|소|개

황 옥 철

고려대학교 대학원 이학박사
현 경성대학교 스포츠건강학과 교수
　경성대학교 e스포츠인지행동연구소 소장
　한국체육철학회 부회장
　한국게임학회 이사
　한국연구재단 문화융복합단 심사평가위원

이 학 준

고려대학교 대학원 체육학과 석사
고려대학교 대학원 체육학과 박사
현 대구대학교 한국특수교육문제연구소 연구교수
　한국체육철학회 총무이사 및 편집위원

스포츠윤리

초판발행　2019년 9월 23일
초판2쇄　2022년 3월 10일
발 행 인　김영대
발 행 처　대경북스
ISBN　　978-89-5676-795-6

dkb
대경북스
등록번호 제 1-1003호
서울시 강동구 천중로42길 45 2F·전화 : 02) 485-1988, 485-2586~87
팩스 : 02) 485-1488·e-mail:dkbooks@chol.com·http://www.dkbooks.co.kr

머리말

윤리와 도덕은 사회 구성원들이 양심, 사회적 여론, 관습 따위에 비추어 스스로 마땅히 지켜야할 행동준칙이나 규범을 말한다. 하지만 윤리와 도덕은 인간관계(인륜)가 있다는 것을 전제로 하는데, 스포츠윤리도 스포츠와 관계가 있는 사람들 사이에 파생되는 이런저런 문제들을 이해하고 해결하기 위해서 존재한다.

어원을 보면 윤리는 Ethos(기풍, 정신, 풍조)에서, 도덕은 Mores(풍속, 습관)에서 유래된 말이다. 어원에서 알 수 있듯이 윤리와 도덕은 인간의 생활에 기풍, 정신, 풍조, 풍습, 습관 등으로 제약을 가함으로써 인간사회의 질서를 유지하는 역할을 해오고 있다.

일반윤리는 어떤 사회의 구성원들이 공유하는 도덕적 이상들의 집합이지만, 스포츠윤리는 스포츠 경기라고 하는 특수한 상황에서 요구되는 규범이나 도덕적 기준을 다룬다는 점이 다르다. 그러므로 스포츠윤리는 스포츠세계에서 역사적·문화적으로 형성되어온 기풍이나 정신이고, 스포츠윤리가 구체적으로 표현된 것이 페어플레이와 스포츠맨십으로 계승되어오고 있는 것이다.

스포츠를 경기스포츠로 한정하면, 그 틀에서 발생하는 이런저런 문제들은 크게 경기장 안에서 일어날 수 있는 스포츠윤리 문제와 경기장 밖에서 일어날 수 있는 스포츠윤리 문제로 나눌 수 있다.

경기장 내의 문제 중에서 가장 일반적인 것은 의도적인 반칙과 심판의 판정

오류를 들 수 있다. 경기장 밖에서 일어나는 윤리나 도덕적인 문제에 사람들의 관심이 더 쏠리는데, 그 이유는 스포츠경기가 단순한 오락이나 체력훈련을 넘어서 사회적으로 아주 중요한 관심사가 되었기 때문이다. 그러다보니 스포츠가 인기가 있으면 있을수록 스포츠를 자신의 목적을 위해서 이용하려고 하는 사람들도 증가하게 되었다. 국위선양, 이념선전, 상업주의, 승리 지상주의, 성희롱, 체벌 등의 문제로 나타나게 된 것이다.

한편 스포츠에는 내재적 가치와 외재적 가치가 있다. 내재적 가치는 스포츠를 실천하는 것 자체에서 얻어지는 달성감, 쾌감, 만족감 등이고, 외재적 가치는 스포츠를 실천한 결과로 얻어지는 건강, 체력, 돈, 명예 등이다.

내재적 가치보다 외재적 가치를 우선으로 하면 여러 가지 문제점들이 생겨난다고 학자들이 지적하고 있는데, 그것을 정리하면 다음과 같다.

첫째는 테러리스트의 문제이다. 4년에 한 번씩 열리는 올림픽경기는 가장 이용가치가 큰 대형 스포츠이벤트이기도 하지만, 반대로 스포츠를 쇠퇴시켜버리는 장소가 될 수도 있다. 테러리스트들의 공격을 예방하기 위해서 올림픽 개최 경비의 약 1/3을 경비비로 지출해야만 하는 것이 현실이다.

둘째로는 도핑 문제이다. 도핑을 금지하고 있지만 '새로운 약물이나 도핑기술의 개발→검출하는 기술의 개발'이라고 하는 다람쥐 쳇바퀴도는 식의 상태가 지난 40여 년 동안 지속되어 왔다. 앞으로는 여러 가지 과학기술 특히, 유전자공학이 스포츠에 응용될 것이 거의 확실하다.

셋째로는 스포츠 도박과 승부조작이다. 승부조작을 한 당사자들을 아무리 엄하게 벌하더라도 근본적인 방법이 못된다. 페어플레이나 스포츠맨십이라는 이념만으로는 대응하기 어렵기 때문에 새로운 규범 또는 스포츠윤리로 만들어야 할 필요가 있다.

　그밖에도 성문제, 환경문제, 인종차별 문제, 동물윤리 문제 등 여러 가지 문제들이 스포츠윤리에서 다루어야할 문제로 부각되고 있다.

　본서는 스포츠윤리학이라는 생소한 학문을 공부하는 학부 학생들과 새롭게 스포츠윤리학에 관심을 가지고 공부하는 일반인들이 스포츠윤리학이라는 학문의 뼈대와 기틀을 올바르게 이해하고 정립할 수 있도록 하기 위하여 핵심적인 부분만을 요약·체계화한 스포츠윤리학의 다이제스트라고 할 수 있다. 하지만 스포츠윤리학의 주요 범주를 빠짐없이 다루었기 때문에 스포츠윤리학의 체계와 내용을 한눈에 바라보고자 하거나, 짧은 시간에 전반적인 내용을 정리하여 시험에 대비하려는 독자들에게 좋은 교재가 될 것이다.

　아무쪼록 이 책을 통해 독자들이 스포츠윤리학의 개념을 체계화함과 동시에 더욱 발전시켜나가는 기틀을 마련하고, 또 목적하는 바를 이룰 수 있기를 기원한다.

2019년 8월

저 자 씀

차 례

제❶장 일반윤리학의 기초

제 ❷ 장 스포츠윤리의 이해

제❸장 경쟁과 페어플레이

제❹장 스포츠와 불평등

9

제 5 장 스포츠에서 환경과 동물윤리

제 6 장 스포츠와 폭력

제9장 스포츠 조직과 윤리

제1장

일반윤리학의 기초

01 도덕과 윤리

인간의 모든 문제는 직접 혹은 간접적으로 윤리·도덕과 얽혀 있다. 윤리·도덕은 인간이 인간답게 살기 위해서 해야 하는 당연한 행동 또는 그러한 행동의 규범을 뜻한다. 그러므로 윤리·도덕의 문제는 어떤 구체적인 상황에서 어떤 행동이 옳은 행동이며, 그러한 행동이 맞추어야 할 규범이 무엇인가를 알아내는 문제로 바뀐다.

그러나 윤리·도덕적으로 어떤 행동이 옳은가에 대한 상반된 의견이 언제나 어디에서나 끊임없이 제기된다는 사실은 윤리·도덕적인 문제에 대한 대답이 대단히 복잡하고 헷갈린다는 것을 말해준다. 그 이유는 윤리와 도덕이라는 말이 때로는 같은 뜻으로 쓰이기도 하지만, 구별해서 사용되는 때도 있기 때문이다.

윤리(倫理)라는 낱말은 그리스어에 어원을 둔 ethic, 도덕(道德)이라는 낱말은 라틴어에 어원을 둔 morality를 각각 한자로 표시한 것이다. 윤리의 어원인 그리스어 에토스(ethos)와 도덕의 어원인 라틴어 모랄리타스(moralitas)가 다같이 '풍습' 혹은 '관습'을 뜻했었다는 것으로 미루어 볼 때 윤리와 도덕이라는 낱말이 원래는 동일한 뜻을 가지고 있었다.

그러나 자세히 살펴보면 윤리와 도덕이라는 두 개의 낱말이 서로 다른 개념으로서 사용되는 경우가 있다는 것을 알 수 있다. 이러한 차이를 명확하게 파악하지 않고서는 윤리·도덕적 문제의 본질을 파악할 수 없을 뿐아니라, 윤리·도덕 문제를 둘러 싼 문제들이 한없이 혼란스러울 수밖에 없다.

여기에서는 두 낱말의 개념적 차이에 대하여 분명하게 설명한다.

인간사회에는 반드시 그 사회에서 통하는 어떤 행동의 규범이 일종의 전통·풍습·관습으로서 막연하게나마 존재하고, 개인의 경우에도 나름대로의 관습이 있다. 그 사회에서 사는 사람들은 그들의 전통이나 관습에 비추어 어떤 일의 옳고 그름을 판단하고, 그 판단에 따라 행동을 실천에 옮긴다. 그러므로 윤리·도덕적인 행동 또는 옳은 삶이란 '기존의 전통양식으로서의 풍습과 관습에 맞는 행동을 하면서 살아가는 것'을 의미한다.

그런데 한 개인의 관점에서 볼 때 기존의 사회적 관습이나 풍습을 따라서 하는 행동이 '윤리적·도덕적'이기는커녕 정반대로 '비윤리적·비도덕적'이라고 생각되는 경우가 적지 않다는 데에 문제가 있다. 논어에 나오는 다음 문답의 내용을 보면 이해하기 쉬울 것이다.

공자의 제자 공엽이 "염소를 훔친 아버지를 고발한 아들의 행동은 옳은 행동입니까?"라고 묻자, 공자가 대답하기를 "우리 고장에서는 아비는 아들을 위하여 숨기고, 아들은 아비를 위하여 숨기는 것을 곧은 것으로 믿는다."라고 대답했다.

위와 같은 공자의 대답은 정말 뜻밖의 대답이었다. 모든 가치판단은 반드시 어떤 규범을 따라야 하고, 모든 규범은 보편적으로 적용되어야 하므로 사회적이고 객관적이어야 한다. 그런데 공자가 제시한 행동의 원칙 "우리 고장에서는 아비는 아들을 위하여 숨기고, 아들은 아비를 위하여 숨기는 것을 곧은 것으로 믿는다."라는 대답은 지극히 개인적이고, '정직해야 한다.'는 정신적 가치에 어긋나는 것이므로 보편적으로 적용할 수 없다. 또한 사람들이 모두 개인적인 관점에서 옳고 그름을 판단한다면 규범이 규범으로서의 기능을 할 수 없기 때문에 잘못된 대답으로 여겨진다.

그러나 위와 같은 공자의 뜻밖의 대답에는 법, 윤리, 도덕의 본질과 그것들 간의 관계에 관하여 다음 3가지 중요한 명제가 담겨져 있다.

첫째, 사회적으로 입법화된 규범을 뜻하는 법, 입법화되지 않은 규범을 뜻하는 윤리, 그리고 개인이 자신의 판단에 따라 선택한 규범을 뜻하는 도덕 사이에는 본질적인 차이가 있다. 동양과 서양 사람들 간의 윤리적·도덕적 신념은 말할 것도 없고, 같은 대한민국 사람이더라도 구성원들 간에 윤리적·도덕적 가치판단의 기준이 서로 다를 수도 있다.

둘째, 도덕이라는 규범과 윤리라는 규범이 갈등하는 경우도 있다. 윤리·도덕적 신념과 판단의 관점에서 볼 때, 세계를 구성하는 여러 문명권들 사이 또는 한 사회를 구성하는 개인들 사이에는 언제나 상대적인 차이가 있을 뿐만 아니라 적지 않은 경우 서로 상충해서 양립할 수 없는 경우가 많다.

셋째, 사회적 규범으로서의 법과 윤리는 도덕적 규범 즉, 각 개인이 주관적으로 선택한 행동규범에 비추어서만 정당화된다. 다시 말해서 개인이 선택한 행동규범인 '도덕'이, 사회적 관습인 '윤리'나 공적으로 정해진 '법'보다 시간적으로 또는 효력적으로 우선한다.

한 사회에 존재하는 사회적 행동규범으로서의 법은 그 법이 제정되기 이전에 이미 그 사회를 지배하고 있던 관습이나 관례를 공식적으로 반영한 것에 불과하다. 그리고 풍습이나 관례라고 여겨왔던 윤리는 그 사회 구성원들이 공통적으로 갖고 있는 주관적 가치관을 반영한 것에 불과하다. 따라서 법이나 윤리에 맞는지 안 맞는지 따져보기 전에 개인이 선택한 도덕에 맞는지 안 맞는지를 먼저 따져본다는 뜻이다.

법이 끊임없이 개정되고, 사회적 풍습과 관례도 끊임없이 변화하는 것은 '법, 윤리, 도덕은 서로 상충되기 때문에 바로잡기 위해서 고치는 것'이라고 할 수밖에 없다.

법은 윤리에 비추어서, 그리고 윤리는 도덕에 비추어서 정당화되어야 하지만, 윤리나 법에 의해서 도덕이 정당화되지는 않는다. 다시 말해서 도덕은 물론이고 윤리나 법의 문제는 논리나 지식의 객관적인 문제가 아니라 인간의 은밀한 심정이나 감정에 관한 주관적인 문제이다.

위와 같은 사실은 내가 도덕적으로 옳다고 확신한다고 해서, 그것과 상충하는 윤리적 규범이나 법적 제약으로부터 자유로울 수는 없다는 것을 뜻한다. 쉬운 예로 "군대에 가서 총을 들고 적과 싸우는 것은 옳지 못하다."라는 신념을 가지고 있기 때문에 군대에 가지 않았다고 하자. 만약에 그 사람은 자신의 신념에 따라서 행동하였으므로 법적인 처벌이나 윤리적인 규탄을 받지 않겠다고 주장한다면 어떻게 되겠는가? 그것은 법과 윤리·도덕이 서로 다르다는 것을 이해하지 못하고, 비슷하거나 같다고 혼동한 것일 뿐이다. 즉 도덕적으로는 옳을 수도 있지만, 법과 윤리적으로는 옳지 못한 행동이다.

실제로 인간사회의 도덕적 발전은 한 개인, 아니면 소수의 개인들이 기존의 사회적 관습과 전통적 규범을 뒤집어 엎어버리고 새롭게 만들고 꾸밈으로써 발전하여 왔다.

➔ 윤리와 도덕을 구분하지 않고 같은 의미 또는 비슷한 의미로 사용하는 경우

» 윤리와 도덕은 사회 구성원들이 양심·사회적 여론·관습 따위에 비추어 스스로 마땅히 지켜야 할 행동준칙이나 규범을 말한다.

» 법률은 외적 강제력을 갖고 있지만, 윤리나 도덕은 각 개인의 내면적 원리로서 작용한다.

» 종교는 인간과 신(神) 사이의 관계를 규정하지만, 윤리나 도덕은 인간과 인간 상호간의 관계를 규정한다.

➜ 윤리와 도덕을 구별하여 사용하는 경우

» 윤(倫)은 무리·또래·질서 등의 의미가 있고, 리(理)는 이치 또는 도리를 뜻하므로 윤리는 인간이 사회를 구성하고 살아가는 데 있어서 지켜야 할 이치 또는 도리라는 의미이다.

» 물리(物理)를 사물의 이치라고 한다면, 윤리는 인간관계의 이치이다.

» 물리는 자연에서 언제나 변함없이 나타나는 이치이지만, 윤리는 인간의 자유에 의해 실현되는 이치이기 때문에 모든 사람에게서 똑같을 수가 없다. 즉 윤리는 사람에 따라서 서로 다르게 나타날 수도 있다.

» 동양에서는 대표적인 인간관계(倫理)로 부자유친·군신유의·부부유별·장유유서·붕우유신이라고 하는 오륜을 들고 있다. 즉 인간이 실현해야 할 덕목으로서 친(親)·의(義)·별(別)·서(序)·신(信)을 강조한다.

» 도덕의 道는 '길' 또는 '도리'라는 뜻으로 인간이 마땅히 지켜야 할 도리를 뜻하고, 德은 인간이 도리를 다했을 때 얻어지는 선한 결과를 말한다. 그러므로 도덕은 인간이 지켜야 할 도리를 스스로 깨닫고 행동으로 옮기는 것까지를 의미한다.

» 도덕은 인간의 내면적이면서 자율적인 도리이고, 윤리는 인간의 외면적면서 약간은 강제적인 도리이다.

» 도덕은 만인이 다 지켜야 할 보편적인 도리인 데 비하여 윤리는 특정 직업을 가진 사람이 지켜야 할 도리이다. 예를 들어 '의사로서의 직업윤리'는 있지만 '의사로서의 직업도덕'은 없다. 도덕을 지키지 않으면 많은 사람들로부터 눈총만 받지만, 윤리를 지키지 않으면 많은 사람들로부터 비난을 받는다.

» 인간의 도덕관념은 주변 환경에 의해 틀이 잡히고, 도덕적인 사람은 올바른 일을 하고 싶어 한다. 이러한 도덕적 충동을 주로 선의(善意)라

고 한다.

» 윤리는 도덕보다 훨씬 더 실리적이다.

» 윤리적 규범이 꼭 도덕적일 필요는 없다.

» 윤리적 규범은 보편적 정의와는 전혀 상관이 없고, 조직의 구성원을 보호하며 구성원들이 조직에 도움이 되는 방식으로 움직이게 하려고 조직이 마련한 일련의 규칙이다.

» 윤리적으로 옳다고 해서 꼭 도덕적으로 옳은 것도 아니고, 도덕적으로 옳다고 해서 꼭 윤리적으로 옳은 것도 아니다. 예를 들어 마피아 단원들이 경찰로부터 범죄자(동지)를 지키기 위해 묵비권을 사용했다고 하면 윤리적으로는 조직을 위해 올바른 행동을 한 것이지만, 도덕적인 관점에서는 틀렸다고 볼 수 있다. 반대로 어떤 변호사가 법정에서 자신의 의뢰인이 유죄라고 증언하였다면 도덕적으로는 옳을지 모르지만, 윤리적으로는 변호사법을 위반한 비윤리적인 행동이다.

02 법과 윤리(도덕)

➜ 법과 윤리(도덕)의 정의

» 법은 국가의 강제력을 수반하는 사회 규범으로, 국가 및 공공기관이 제정한 법률 · 명령 · 규칙 · 조례 따위이다.

» 윤리(도덕)는 사람으로서 마땅히 행하거나 지켜야 할 도리이며 철학이다.

법은 입법자(권력자)에 의해 인위적으로 만들어진 타율적·강제적 규범이고, 정의·합목적성·법적 안정성을 추구하는 데 목적이 있다.

우리 헌법에서는 "국민의 모든 자유와 권리는 국가안전보장, 질서유지 또는 공공복리를 위해 필요한 경우에 한하여 법률로써 제한할 수 있으며, 제한하는 경우에도 자유와 권리의 본질적인 내용을 침해할 수 없다."라고 정해져 있다. 즉 정의·합목적성·법적 안정성이 충돌할 때에는 그것들을 조화롭게 조정하는 것이 원칙이지만, 궁극적으로는 인간의 자유와 권리를 우선으로 하고 있다.

윤리(도덕)는 인간의 양심에 따라 선(善)을 실현시킬 목적으로 각자가 자기에게 명하는 윤리적·자율적 규범이다. 법은 윤리(도덕)에서 만들어진 것으로 우리가 사회에서 상호작용하며 살아가는 데에 꼭 필요한 윤리(도덕)의 최소한이라고 할 수 있다. 즉 법은 윤리(도덕)라는 큰 범위 안에 포함되는 아주 작은 부분이다.

법은 인류 공동생활에서 사회를 유지하고 통제하는 하나의 수단이다. 인간은 태고 때부터 자기 보전과 자기 발전의 수단으로 본능적으로 한곳에 모여서 집단을 이루며 살아왔다. 이런 집단이 사회화되어 있는 곳에는 반드시 법이 있다. 사람의 수가 늘어나면 질서를 어지럽히고 안녕과 평화를 파괴하는 반사회적 행동을 하는 사람이 있게 마련인데, 이들은 제재할 필요가 있게 된다. 또 인류의 문명이 발달함에 따라 인위적으로 질서 유지의 방법을 강구할 필요가 생기게 된다.

이러한 반사회적 행위를 막고, 사회 질서 유지의 방법을 강구하여 사회로 하여금 마땅히 있어야 할 모습을 지니게 하는 규범에는 종교·도덕·법 등이 있다.

아주 옛날에는 종교나 도덕만 가지고도 충분히 사회 질서를 지켜 나갈 수 있었다. 그러나 이해의 대립이 커지고 사회가 복잡해지면서 종교나 도덕과 같은 양심만으로는 사회의 평화를 누리기가 어렵게 되었다. 이에 일정한 질서를 지킬 것을 명령하고 그것에 따르지 않을 경우에는 강제적으로 제재를 가할 수 있는 규범이 필요하게 되었는데, 그 규범이 바로 법이다.

법은 정치·경제·사회·종교·도덕·언어 등과 마찬가지로 인간 문화의 일부분이다. 즉 사람이 살고 있는 환경 속에서 사람이 만들어 낸 문화 중의 일부분이고, 다른 분야의 문화와 마찬가지로 역사적 산물이다.

법은 사회정의를 구현하는 수단이다. 정의는 넓은 의미로 '올바르다'고 하는 덕목의 하나이고, 정신이 중용상태에 놓여 있는 것을 말한다.

사회생활이 단순했던 시대에는 도덕만으로도 충분히 사회질서를 유지해 왔으나, 사회생활이 발달하고 복잡해짐에 따라 도덕규범에서 법규범이 서서히 나누어지기 시작하였다. 법이 독자적인 영역과 역할을 가진 이후에도 법은 도덕을 실현시키는 수단이며, 법의 구속력의 근거는 도덕에 있다는 생각이 강하게 남아 있다.

도덕규범 가운데 사회생활의 평화를 유지하기 위하여 최소불가결하며 강제적으로라도 준수시켜야 되는 것이 법규범이라고 하는 뜻에서 법은 도덕의 최소한이라고 불린다. 한편 법은 도덕의 요구를 사회생활에 넓게 미치게 한다는 뜻에서 도덕은 법의 최대한이라고도 한다.

도덕과 법은 목적과 수단의 관계, 또는 큰 원 속에 있는 작은 원의 관계라고 할 수 있다. 그러나 법은 도덕을 실현하는 수단에만 그치지 않고, 권력남용과 같은 부도덕을 실현하는 수단도 될 수 있으므로 유의할 필요가 있다.

도덕은 인간의 내면적 양심을 규율하는 것으로, 권리보다는 의무적인 내용이 많다. 법처럼 국가권력에 의해 강제당하지 않기 때문에 비강제성을 갖는다. 하지만 자기 스스로를 규율하는 자율적 규범이 있다. 가족이나 친구, 또는 씨족 공동체와 같이 혈연이나 정(情)에 의해 결합된 사회에서는 도덕에 의한 규율이 더 효율적일 수 있다.

그러나 사회 생산력이 발전하고 이질적 구성원의 수가 증가하면서 도덕만으로 사회를 규율할 수 없게 되었다. 이러한 사회를 유지하고 발전시키기 위해서는 강제성을 띠는 법이 필요하게 되었다.

즉 법이란 인간의 외면적 행위를 규율하고, 자신이 아닌 타인에 의해 규율되는 타율성을 가지고 있다. 법을 위반할 경우 국가의 권력에 의한 제재를 받는 강제성을 가지고 있고, 또 권리를 규정하면서도 동시에 의무를 규정하는 양면성도 가지고 있다. 사람을 폭행하거나 남의 돈을 절취할 경우에는 국가로부터 일정한 형벌을 받는데, 이것은 형법이라는 법률에 의한 규제에 해당된다.

03 윤리이론

우리가 살아가는 데에는 윤리적 판단해야 하는 경우가 많다. 그때 의사결정을 하는 절차에 관한 이론을 윤리이론이라고 한다. 윤리적 판단을 내리기 위한 윤리적 질문은 '무엇을 해야 하는가?'를 묻는 것이 아니고 '어떻게 해야 하는가?' 또는 '왜 해야 하는가?'를 묻는 것이다.

우리가 어떤 행위를 할 때에는 그 행위를 정당화하는 이유 또는 원리가 있다. 즉 그러한 행위를 선택하면 어떠어떠한 점에서 '좋다' 또는 '옳다'라고 판단하는 근거가 있다. 그 근거가 되는 원리를 설명하는 것이 윤리이론이다.

영국의 철학자 브로드(Broad, C. D.)는 서양의 윤리이론들을 '인간행위의 옳고 그름을 판단하는 기준'에 따라 목적론적 윤리이론과 의무론적 윤리이론으로 분류하였다.

❖ **목적론적 윤리**……행위의 결과나 목적 달성 여부로 행위의 옳고 그름을 판단하려고 하는 윤리이론

❖ **의무론적 윤리**……행위 그 자체와 행위자의 의도 또는 동기로 행위의 옳고 그름을 판단하려고 하는 윤리이론

❶ 목적론적 윤리

목적론자들은 인생 또는 우주 전체에 우리가 그 실현을 위해 힘을 쏟아야 할 객관적인 목적이 있다고 믿는다. 어떤 행위가 옳으냐? 또는 그르냐? 하는 문제는 그 행위가 인생의 궁극적 목적 달성에 어느 정도 이바지하느냐 아니면 방해가 되느냐에 따라 결정된다. 그러므로 목적론적 윤리설이 대답하여야 할 최초의 근본 문제는 '인생의 궁극적 목적이 무엇이냐?'이다.

목적론적 윤리에서는 행위의 가치가 결정되어 있지 않으며 상황에 따라 달라진다. 도덕적 문제 상황은 다양하므로 최선의 결과를 가져오는 행위도 상황에 따라 다르다. 따라서 행위 자체는 어떠한 본질적 가치를 가지지 않으며, 단지 좋은 결과를 얻기 위한 수단일 뿐이다.

위에서 목적론적 윤리를 설명한 말이 너무 어려워서 무슨 뜻인지 알 수가 없다. 그래서 목적론적 윤리가 무엇인지 설명한 말들을 아래에 모아놓았다. 여러 가지 설명들을 읽다보면 목적론적 윤리가 무엇인지 알 수 있게 될 것이다.

» 인간이 추구하거나 추구해야 할 어떤 궁극적인 목적이 있음을 전제

로 하는 윤리이다.

» 최선의 결과를 가져오는 행위, 결과적으로 행복을 가져오는 행위가 선하고 옳은 행위이다.

» 궁극적인 목적은 넓은 의미로는 행복이고, 좁은 의미로는 쾌락이다.

» 감각적 경험과 행복한 삶을 중시하고, 목적의 성취와 일의 효용성을 강조한다.

» 행복과 의무가 충돌할 경우 목적론자는 행복을 선택한다.

목적론적 윤리의 한계점(단점)에는 다음과 같은 것들이 있다.

» 목적이 모든 수단을 정당화시킨다. 예를 들어 독재자가 국가의 이익을 명분으로 개인의 자유를 제한하거나 인권을 유린하더라도 도덕적으로 옳은 행위가 된다. 이러한 문제점을 해결하기 위해서 만들어진 것이 나중에 배우는 공리주의 윤리이다.

» 목적달성을 위해서는 수단과 방법을 가리지 않아도 된다고 할 위험성이 있다.

» 행위의 결과를 정확하게 예측할 수 없기 때문에 행위를 할 당시에는 옳고 그름을 판단할 수 없다.

» 배분적 정의를 고려하지 못하고 있다.

❷ 의무론적 윤리

의무론적 윤리를 한마디로 표현하면 "하늘이 무너져도 정의는 지켜져야 한다."이고, 칸트(Kant, I.)가 대표적인 학자이다.

의무론자들은 "옳은 행위와 그른 행위를 분간하는 데에 표준이 되는 도

덕적 원칙이 있다."고 주장한다. 그 도덕적 원칙은 절대적으로 옳기 때문에
"언제나, 어디서나, 그 행위의 결과가 좋든 나쁘든 관계없이 무조건 지켜
야 한다."고 본다.

의무론적 윤리에서는 행위의 옳고 그름을 결정하는 것이 결과가 아니
라 도덕적 원칙이기 때문에 목적은 결코 수단을 정당화할 수 없다. 예를 들
어 진실을 말하는 것과 약속을 지키는 것은 우리가 따라야 할 올바른 도덕
적 원칙이다. 그러므로 거짓말을 하거나 약속을 어기는 것은 옳지 않은 것
이므로 무조건(그러한 행위들이 설사 좋은 결과를 가져온다 하더라도) 해
서는 안 된다. 즉 의무론적 윤리에서는 '도덕적으로 옳다는 것'이 '결과가
좋다', 또는 '더 행복해진다'와는 별개의 것이다.

다음은 의무론적 윤리를 설명하는 말들을 모아서 정리한 것이다.
» 인간이 추구해야 할 어떤 궁극적인 목적보다는 언제 어디서나 지켜
    야 할 행위의 근본원칙에 주목하는 윤리이다.
» 인간행위의 옳고 그름을 행위 그 자체의 옳고 그름 및 행위자의 의도
    와 동기로 판단하려고 한다.
» 도덕적 행위는 의무이기 때문에 행위의 결과에 상관없이 행해야 한다.
» 인간이 언제 어디서나 지켜야 할 도덕적 책무를 중시한다.
» 자율적인 도덕법칙에 따른 것은 옳은 행위이고, 자율적인 도덕법칙에
    어긋나는 행위는 그른 행위이다.
» 합리적 이성에 대한 신뢰를 바탕으로 의로운 삶을 중시하고, 공정한
    절차와 정당한 원칙을 강조한다.
» 도덕적 법칙은 보편적이며 절대적인 것이다.

의무론적 윤리의 한계점(단점)에는 다음과 같은 것들이 있다.

» 수많은 도덕 규칙 중에서 어떤 것이 옳은 도덕 규칙인지를 가려 줄 기준이 모호하다. 칸트는 모든 사람이 따를 수 있는 보편적인 법칙이 올바른 도덕 규칙이라고 하였지만, 보편적인 법칙을 고르는 것도 불분명하다.

» 규칙의 절대성을 지나치게 강조하고, 도덕 규칙에 예외를 허용하지 않으려고 한다.

» 칸트는 "약속을 어기고 거짓말을 하면 좀 더 유익한 결과가 생긴다." 고 하더라도 규칙에 예외가 있을 수 없으므로 "약속은 지키고, 거짓 말을 하면 안 된다."고 하였다. 그러나 예외 없는 규칙은 있을 수 없을 뿐만 아니라 공리주의 입장에서 보면 옳지 않은 행위가 된다.

» 두 가지 도덕 법칙이 서로 대립될 경우 어떤 것을 따르라는 말인가? 해결방법이 없다.

❸ 공리주의

공리주의는 19세기 영국에서 벤담(Bentham, J.)과 밀(Mill, J. S.)을 중심으로 전개된 사회사상으로, 어떤 행위의 옳고 그름은 그 행위가 인간의 이익과 행복을 늘리는 데 얼마나 기여하는가 하는 유용성과 결과에 따라 결정된다고 본다. 넓은 의미에서 공리주의는 효용성·행복 등 쾌락에 최대의 가치를 두는 철학과 사상을 통칭한다.

벤담은 쾌락을 추구하고 고통을 피하려는 인간의 자연성에 따라 행동하는 것이 개인은 물론 사회에도 최대의 행복을 가져온다고 보았다. 그래서 최대 다수의 최대 행복을 도덕과 입법의 원리로 제시하였다.

공리주의에서는 인간을 언제나 쾌락(행복)을 추구하고 고통(불행)을 피하려는 본성을 지닌 존재로 파악한다. 따라서 인간의 쾌락과 행복을 늘리는 데 기여하는 것은 선한 행위이지만, 고통과 불행을 크게 하는 것은 악한 행위라고 본다.

개인적 공리의 추구가 반드시 사회적 공리로 나타나지는 않기 때문에 사회적 공리를 실현하기 위해서 법은 개인의 행위를 규율하고 조정해야 한다. 그리고 사회적 공리의 실현을 위해서는 위정자의 부정한 이익을 배제해야 한다. 여기에서 민주주의적 의회제도가 요구되었고, 선거제도를 보통·비밀선거로 개정할 때 공리주의가 커다란 역할을 했다.

또한 공리주의는 쾌락과 행복을 추구하는 개인의 이기심을 전제로 하므로 경제적 자유주의를 뒷받침한다. 이처럼 공리주의는 다수결의 원리에 기초한 민주주의적 정치제도와 사유재산 보호의 틀 안에서 점진적인 분배의 평등을 강조하는 복지사상의 발달에 큰 영향을 끼쳤다.

다음은 공리주의를 설명하는 내용들을 모아서 정리한 것이다.

» 공리주의는 행동의 가치를 행위의 목적과 결과에 따라 측정하는 결과주의 이론 혹은 목적론적 이론으로 분류된다.

» 결과 이전의 원인이나 의도는 불문하고 결과적으로 나타난 선의 상대적인 양이 윤리행동의 기초가 된다.

» 벤담은 모든 행위를 쾌락과 고통의 양으로 환산할 수 있다고 믿었다. 그는 각각의 행위를 고통과 쾌락의 값(양)으로 환산한다면 어떤 행위가 좋은 행위이고 어떤 행위가 안 좋은 행위인지 구분할 수 있다고 믿었다.

» 반면에 밀은 적은 양의 쾌락을 위해 다수의 고통을 감내할 수도 있다. 그런데 이것을 질이 같은 쾌락으로 판단하는 것은 잘못된 것이므로 '고귀한 쾌락'과 '저급한 쾌락'을 차등지어 계산해야 된다고 주장하였다.

다음은 공리주의의 장점을 설명한 것이다.

» 도덕적으로 옳은 행위를 하면 결과적으로 행위자의 욕구가 충족되는 것이므로 도덕의 목표가 명확하다.

» 최선의 결과를 예측하기 위하여 관련된 정보와 관련된 사람들의 이해와 관심을 비교해야 하므로 도덕적 추론 과정이 합리적이다.

» 효용과 결과가 우선이고, 도덕규칙의 적용에 있어서 예외가 인정되므로 신축성 있게 도덕 규칙을 적용할 수 있다.

» 효용과 결과의 원리를 우선적으로 적용하고 다른 규칙들을 신축성 있게 적용하기 때문에 규칙들 간에 서로 충돌하는 것을 피할 수 있다.

다음은 공리주의의 단점을 설명한 것이다.

» 공리주의는 인간의 행복을 최대로 도모하는 것이 도덕에서 유일한 의무이고, 어떤 사람의 행복이든 모두 똑 같이 중요한 것으로 본다. 그러면 부모나 형제 · 친척 등과 같이 우리와 특수한 관계에 있는 사람들에 대한 도덕적 의무를 고려할 수 없게 된다.

» 우리의 의무로 생각되는 행위 중에는 행복과 직결되지 않는 것들도 있다. 예를 들어 선거에서 우리가 가장 훌륭하다고 생각하는 후보에게 투표할 의무가 있다. 그런데 내가 투표를 해야 하는 의무와 인간의 행복을 증진하는 것과는 관련이 거의 없다.

» 규칙을 어기는 것이 규칙을 따르는 것보다 전체 행복에 보탬이 된다고 해서 미련 없이 규칙을 어겨버린다면 그것을 규칙이라고 할 수 있겠는가?

» 사소한 행복이나 편의를 도모하기 위해서 마음대로 약속을 어기는 일이 용납되어도 된다는 말인가? 규칙을 어김으로써 상당히 많은 행복이 보장될 경우에 한해서 예외가 인정되어야 하는 것 아닌가?

» 최대다수의 최대행복을 위한다는 이유로 개인의 권리가 무시될 수도 있고, 정의가 고려되지 않을 수도 있다.

도덕 규칙에 따르는 것과 최대의 행복을 가져오는 일은 서로 상충될 수도 있다. 그럴 경우 우리는 최대의 행복을 가져오는 행위를 택해야 되는 때도 있고, 규칙에 따르는 행위를 선택해야 할 때도 있는 것이다.

❹ 덕윤리 ···

앞에서 설명한 목적론적 윤리와 의무론적 윤리를 서양의 고전윤리라고 한다. 근대 시민사회가 등장하면서 전통과 신의 권위가 사라지고 친숙하지 않은 개인들이 대규모의 공동체 속에서 모여 살아야 하는 상황이 전개되었다. 이러한 상황에서 누구에게나 적용될 수 있는 도덕의 보편성과 객관적인 정당성이 필요했으므로 근대 윤리학(공리주의, 경험주의, 실용주의, 자연주의 등)이 출현하게 되었다.

덕윤리학의 뿌리는 중국의 유가(학)사상과 고대 그리스의 아리스토텔레스(Aristoteles)의 덕론적 윤리학에서 찾을 수도 있지만, 보통은 앤스컴(Anscombe, E.), 매킨타이어(MacIntyre), 샌델(Sandel, M.)로 대변되는 현대 덕윤리학 사상을 의미한다.

의무론에서는 의무나 규칙을 강조하고, 목적론과 공리주의에서는 행위의 결과를 중시하는데 반하여, 덕윤리에서는 "행위자의 덕(품성)에 따라서 도덕적 행동이 정해진다."고 본다. 다르게 표현하면 의무론과 결과론은 주어진 상황에서 얼마나 좋은 행위를 해야 할 것인가를 결정하려고 하지만, 덕윤리학은 "얼마나 좋은 인간이 되어야 할 것인가?"에 초점을 맞춘다.

덕윤리에서는 "어떤 종류의 인간 또는 존재가 되어야 마땅하고, 그러한 인간이 되기 위해 어떤 덕들을 지녀야 하는가?"를 탐구한다. 즉 미덕을 행하는 것은 옳은 것이고, 악덕을 행하는 것은 그른 것이다. 책임·정직·충성·신뢰·공정·배려·신뢰 등이 미덕이고, 거짓·배신·무책임·불성실·이기심 등은 악덕이다.

덕(德)이란 인간으로서의 도리를 행하려는 어질고 올바른 마음이나 인격이다. 쉽게 말해 개인이 도덕을 습관화하여 자연스럽게 도덕적 행위를 하는 것이 바로 덕이다. 따라서 덕은 어떤 개인이 생활 속에서 실천하지 아니하면 안 되고, 어떤 사람이 덕이 있다고 하면 그 사람은 "윤리나 도덕적 법칙에 따라 선(善)을 실현할 수 있는 인격적 능력을 갖추고 있는 사람이다."는 뜻이다.

덕윤리에서는 도덕은 공동체의 오랜 전통과 생활양식에서 비롯되었으며, 도덕적 덕목 또한 공동체적 삶 속에서 비롯된 것으로 본다. 자유주의 사회가 지니게 된 병폐의 원인이 공동체의 상실과 덕의 부재에서 비롯되는 것이기 때문에 이를 극복하기 위해서는 새로운 공동체의 창출과 그러한 공동체에서 살아갈 수 있는 덕을 육성해야 한다는 것이다.

아리스토텔레스는 모든 인간의 최종적 목적은 행복이고, 그것을 이루기 위해서는 탁월성을 기르는 것이 중요하다고 생각하였다. 그는 인간의 탁월성은 이성을 활용하는 것에 있고, 인간에게 가장 중요한 윤리적 행동은 중용이라고 하였다. 즉 '지나침' 또는 '과함'과 '모자람' 사이를 번갈아가며 실행함으로써 적정한 순간에 필요한 행동을 하도록 노력해야 하고, 그럼으로써 품성을 안정적으로 만들고 습관화하여 어느 행동에서든 '거슬림'이 없이 행동하는 것이 중요하다고 생각했다.

현대의 덕윤리를 말하는 멕킨타이어(MacIntyre)도 품성을 키우는 실천이 도덕적으로 중요하고, 실천을 통해서만 우리는 도덕적이 될 수 있다고 하였다. 따라서 도덕적 행위는 도덕적인 품성을 만들고자 노력하는 것과 실천하는 것을 모두 포함한다.

덕윤리학자들은 모든 사람은 도덕적으로 좋은 품성을 가질 씨앗을 지니고 있다는 점에서는 평등하다고 보았다. 그러나 그 품성을 키워서 좋은 습관을 들인 사람은 덕이 있는 사람이 되고, 나쁜 습관을 들인 사람은 덕이 없는 사람이 된다고 주장한다.

덕윤리학자들은 대부분 공동체주의자들이다. 이들은 덕이 기본적으로 실천의 배경을 가지고 있고, 개인의 삶은 공동체의 전통에 영향을 받기 때문에 개인의 삶은 공동체와 구분될 수 없다고 주장하였다. 이 때문에 인간은 자신의 탁월성, 특히 이성을 잘 활용하여 가장 완벽한 형태의 인간이 되려는 목적을 가지고 살아가야 한다고 생각한다.

다음은 덕윤리학을 설명하는 내용들을 모아서 정리한 것이다.

» 아리스토텔레스는 교육을 통해 형성되는 실천적 지혜인 지성적 덕과, 반복과 습관을 통해 형성되는 품성적 덕으로 나누어서 설명하였다. 특히 품성적 덕에서는 중용을 강조했다.

» 덕윤리학을 설명할 때에 고대 그리스 철학에 유래하는 ① 탁월성 또는 덕(아레테), ② 실천적(도덕적) 지혜, ③ 행복이라는 3개의 개념이 자주 이용된다.

» 덕은 좋은 행위를 하려는 성향으로, 도덕적 이해는 물론 정서와 습관까지 포함하는 것이다.

» 덕윤리에서는 "어떻게 해야 하는가?"라는 질문에 대하여 "그 상황에서 유덕한 사람이 할 법한 행동을 하라."라고 대답한다.

» 현대의 덕윤리와 고대의 덕윤리는 "공동체적 삶을 강조한다."는 공통점이 있다.

» 의무윤리가 옳은 행위가 무엇인지를 강구한다면, 덕윤리는 덕 있는 행위자는 어떤 사람인가를 연구한다.

» 덕윤리학에서는 옳은 행위는 덕이 있는 사람으로부터 나온다고 생각한다.

다음은 덕윤리의 장점들을 모아서 정리한 것이다.

» 도덕적으로 이상적인 인격 모델을 제시하고, 도덕적 탁월성이 실현 가능하다는 것을 보여준다.

» 이성보다는 감성을 중요시 여기고, 구체적 상황과 맥락, 인간관계를 고려하기 때문에 덕을 스스로 실천할 수 있도록 동기를 부여한다.

다음은 덕윤리의 한계점들을 모아서 정리한 것이다.

» 덕은 특정 사회의 전통이나 문화와 밀접한 관련이 있으므로 보편성을 확보하기 어렵다.

» 도덕적 판단의 유연성이 때로는 판단의 불확정성을 동반할 수 있다.

» 행위자 중심의 도덕적 판단의 경우 근대 사회가 요구하는 보편성의 확보가 어렵기 때문에 주관적으로 흐를 수 있다.

» 덕을 갖추는 일은 나의 의지와 노력뿐만 아니라 적절한 주변 환경이 마련되어야 가능하다. 그러므로 도덕적 선을 운에 맡기게 되는 우연성이 있다.

04 동양의 윤리사상

BC 770년에 고대 중국의 주나라가 망한 직후부터 진시황이 통일된 진(秦)나라를 세우기 전까지 약 550년 동안 중국에서는 수많은 제후들이 작은 나라를 만들어서 자국의 세력을 확장하려고 끊임없이 전쟁을 하는 바람에 민생은 도탄에 빠지고 중국대륙 전체가 대혼란을 겪었다. 그 시대를 춘추전국시대라고 한다.

살인 · 배신 · 패역 · 패륜이 난무하던 춘추전국시대에 수많은 학자들이 상실된 인간성을 회복하여 인간답게 살 수 있는 여러 가지 사상적 대안들을 제시하였는데, 그 학자들을 통틀어서 제자백가(諸子百家)라고 한다. 중국 전체가 난세일 때 제자백가의 사상들이 나왔기 때문에 대부분이 정치윤리 또는 법윤리에 가깝고, 고대 그리스의 철학사상보다 3백년 이상 앞선 것들이다. 여기에서는 유가사상, 묵가사상, 법가사상, 도가사상만 설명한다.

❶ 유가사상

노(魯)나라의 공자(孔子)에 의해 시작되어 근대까지 동양사상에 결정적인 영향을 끼친 사상으로, 근본정신은 인(仁)의 사상이다. 공자는 "인간의 본질은 어질고(仁), 어질다는 것은 다른 사람을 사랑하는 마음이다."라고 하면서, 부모에게는 효(孝), 임금에게는 충(忠), 형제에게는 제(悌=공손할 제)가 사랑의 기본이 된다고 가르쳤다.

또한 공자는 충 · 효 · 제와 같은 인간의 도덕적 자아실현을 방해하는 것은 사욕(私慾)이므로, 개인의 욕심을 극복하고 주나라 시대의 예(禮)와 악(樂)을 회복해야 된다고 주장하였는데, 그것을 극기복례(克己復禮)라고 한다.

유가사상은 일상생활을 가족관계와 사회관계에서 고찰하는 실용적인 철학사상으로 맹자·순자·주자·왕수인 등에 의해서 발전되었고, 유교와는 구별되어야 한다. 유교는 공자를 성인으로 받들고, 유학을 일종의 종교로 받아들이는 정치적·종교적 신념이기 때문이다.

공자는 "백성을 강제적으로 다스리려고 하면 안 되고, 통치자가 도덕적 수양을 쌓아서 백성에게 감동과 감화를 주어 순화시킴으로써 백성들이 저절로 그를 향하여 모일 것"이라는 도덕정치를 주장하였다.

■ 맹자의 성선설

공자의 도덕정치 정신은 맹자의 왕도(王道=왕의 도리)정치사상으로 이어졌다. 맹자는 인간에게는 선천적으로 선(善)이 내재되어 있으므로, 그 선을 적극적으로 끌어내면 인에 의한 도덕정치가 가능하게 된다는 성선설을 주장하였다. 따라서 군주는 백성을 하늘로 여기는 민본정치를 해야 한다고 주장하였다. 만일 군주가 이것을 어긴다면 백성과 신하가 군주를 축출할 권리가 있다는 주장이 왕도정치사상이다.

■ 순자의 성악설

반면에 순자는 인간의 본성에는 탐욕과 부정이 내재되어 있다고 하는 성악설을 주장하였다. 정치적인 혼란이나 인간성의 상실도 모두 인간의 탐욕과 부정과 같은 근원적인 악이 원인이므로 그것을 제거해야 한다. 그러기 위해서는 체계적인 교육과정을 통해서 준법정신을 함양하고, 사회를 통제할 수 있는 강력한 규범과 징계가 있어야 된다고 주장하였다.

❷ 묵가사상

묵가(墨家)는 묵자(墨子)를 시조로 하는 학파로 전국시대에는 유가와 쌍벽을 이루는 학파였기 때문에 둘을 합해서 유묵사상이라고도 불렀다. 그러나 묵가학파의 구성원들은 무기를 만들어서 작은 나라의 성(城)을 방어해주는 것을 생업으로 하는 무사와 기술자의 집단이었다. 그래서 그들은 우두머리(거자)의 명령에 절대복종하였고, 학문적인 사상도 거자의 가르침을 비판 없이 그대로 받아들였다.

묵자는 "나와 남을 구분하지 말고, 평등하게, 조건 없이, 사람들 전체를 사랑하고, 서로 이롭게 하는 것"이 하늘의 뜻이라는 겸애사상(兼愛思想)을 가르쳤다. 그는 천하의 모든 사람을 한핏줄 한동포로 보아 겸애(서로 사랑하는 것)해야 이기심과 사욕을 이기고 세상이 편안해진다고 주장하였다.

묵자는 지나치게 의례적이고 형식적인 유가사상을 비판하였다. 그는 유가적 위계질서는 지배층과 군주만을 위한 의식이기 때문에 그에 따르면 백성들만 희생당하고, 전쟁은 군주만을 위한 것으로 모든 부담은 백성들이 떠안게 되므로 모든 구성원이 동등하게 이익을 누릴 수 있도록 개선되어야 한다고 역설하였다.

묵자는 사회적 모순의 원인이 인간의 이기심이기 때문에 겸애와 겸손을 장려하면 세상을 순화시킬 수 있다고 주장하면서도 "이기심을 제거하고 겸애를 실현하기 위해서는 군주의 강한 권력과 강압이 필요하다."는 모순되는 주장을 하였다.

묵자는 겸애가 하느님의 뜻임을 누누이 강조하면서 하느님의 뜻에 따르면 하느님이 상을 내리고, 따르지 않으면 벌을 내린다고 한 것과, 겸애를 실현하기 위해서 군주의 강권과 강압이 필요하다고 주장한 까닭은 묵가의 무리가 무사집단이었기 때문이다. 그들은 절대자를 믿는 종교적 집단에 가까웠던 것으로 추정된다.

공자가 지배층의 입장에서 사상을 전개했다면, 묵자는 피지배층의 입장에서 피지배층을 옹호하는 (중국에서는)유일한 사상가이다. 묵자는 체험을 근본으로 하여 사물의 본질을 추론하는 논리적 사고를 중국에서 최초로 창시한 인물로도 높이 평가되고 있다.

묵자가 주장한 유명한 사상에는 다음과 같은 것들이 있다.

❖ **겸애(兼愛)**……보편적인 사랑, 전체를 사랑함, 조건 없는 사랑을 의미한다. 유가가 가족적 사랑을 윤리의 기본으로 삼는 데 반하여 묵가는 가족적 사랑은 별애(別愛 ; 구분하여 사랑함)로 본다.

❖ **천지(天志)**……하느님의 뜻을 의미한다. 묵자는 중국 사상으로는 유일하게 기독교에서 말하는 신과 비슷한 절대자인 하느님을 믿는다. 묵자는 하느님이 겸애하시며, 또한 인간이 겸애하기를 바란다고 하면서, 겸애를 하면 하느님이 상을 주고, 하지 않으면 벌을 준다고 하였다. 이와 마찬가지로 아랫사람은 윗사람에게 복종해야 하고, 백성은 관리에게 복종해야 하며, 관리는 군주에게 복종해야 하고, 군주는 하느님에게 복종해야 한다. 그리고 하느님이 인간을 겸애하듯이, 군주가 백성들을 겸애해야 하고, 관리는 겸애를 수행해야(행동으로 옮겨서 실행해야) 한다.

❖ **상동(尙同)**……위와 같아짐을 의미한다. 아랫사람은 반드시 윗사람

의 명령을 따라야 하고, 윗사람은 반드시 아랫사람들에게 겸애를 해야 한다. 이를 어기는 아랫사람은 처벌을 받아야 하고, 윗사람은 그 자리에서 물러나야 한다.

❖ 상현(尙賢)……현명한 사람(현자)을 높이는 것, 즉 현자를 윗사람으로 추대하는 것을 의미한다. 유가에서는 인격을 기준으로 군자와 소인을 구별하지만, 묵가에서는 현실적 이익을 여러 사람에게 나누어 주는 사람을 현자라 하고, 현자를 반드시 윗사람으로 추대해야 한다고 하였다.

❖ 절용(節用)과 절장(節葬)……물자의 쓰임새를 절약하고, 장례와 제사를 최소화하는 것을 의미한다. '배고픈 자가 먹지 못하고, 추운 자가 입지 못하고, 피곤한 자가 쉬지 못하는 것'이 백성의 3대(大) 근심이다. 국가는 백성의 3대 근심을 해결해야 할 의무가 있고, 백성은 부지런히 노동해서 물자를 생산해야 한다. 물자의 낭비를 막기 위해서 절약하고, 장례나 제사는 죽은 자를 위한 것이므로 간소하게 치러야 한다.

❸ 법가사상

법가사상을 집대성한 사람이 한비자이다. 한비자는 순자의 성악설을 근거로 인간성의 회복과 사회의 안녕을 위해서는 인간의 본성에 내재되어 있는 악을 제거해 나갈 수밖에 없다고 보았다. 그러기 위해서는 지배자의 강한 권위와 엄격한 형벌이 있어야 하고, 강력한 중앙집권적인 통치가 필요하다고 주장하였다.

그는 "성문법을 체계화하고, 우민화정책을 펴서 백성들을 농경과 병역에 꽁꽁 묶어두어야 딴 생각을 못하고 복종할 것이다. 그러면 부국강병을 이룩하고, 국가를 효율적으로 통치할 수 있게 된다."고 주장하였다.

한비자의 법가사상은 당시의 군주와 제후들로부터 뜨거운 환영을 받았지만, 오늘날의 법치주의와는 전혀 의미가 다르다. 한비자의 법가사상은 통치자들이 백성을 원활하게 통치할 수 있도록 하는 것이 목적이었지만, 오늘날의 법치주의는 만민이 법 앞에서 평등하다는 사회평등의 실현이 목적이기 때문이다.

❹ 도가사상

도가사상(道家思想)은 노자(老子)가 창시하고, 장자(莊子)에 의해서 완성되었기 때문에 노장사상이라고도 한다.

기독교에서 세상만물과 천지는 하나님이 창조하셨고 하나님이 다스리시므로 인간은 하나님의 뜻에 맞게 살아야 된다고 주장하는 것과 비슷하게, 도가에서는 "천지만물과 세상의 모든 존재는 도(道)에서 비롯된다."고 본다.

도는 혼돈상태에 있다가 필요성에 따라 본성을 얻어 어떤 형태를 갖추어나가는 것이므로 천지만물의 생성과 변화, 그리고 소멸은 도가 주도한다. 그러므로 인위적인 노력은 아무 쓸모도 없는 것이고, 자연 본연의 무위(아무것도 하지 않는 것)가 진리라고 주장하였다.

유가의 예(禮), 묵가의 겸애(兼愛), 법가의 법(法)은 지극히 인위적인 것이므로 세상을 오히려 혼란스럽게 만들 것이라고 하면서, "세상의 모든 현상은 오로지 자연적인 도의 원리에 맡겨야 한다."는 무위사상을 주장하였기 때문에 인위적인 노력의 결과를 부정하고 숙명론과 무력감에 빠지게 한다는 비판을 받기도 하였다.

도가사상 자체가 현실세계를 탈피하려 하고, 형이상학적인 특성이 있는데다가 36계 · 둔갑술 · 각종 비술(秘術) · 도통(道通) 등 신비주의적인 면을 가미하여 종교로 발전한 것이 도교(道敎)이다. 그 도교가 우리나라를 비롯한 동아시아 전체에 전파되어서 각종 민속신앙에 크게 영향을 미쳤다.

노자는 상선약수(上善若水)라 하여 "세상에서 가장 으뜸 되는 선(善)은 물과 같이 사는 것이다."라고 가르쳤다. 물은 만물에 생명을 주고, 성장하게 하며, 그릇에 따라 모양이 변해서 유연성이 있으며, 상대방을 거스르는 일이 없다. 또 물은 항상 위에서 낮은 곳으로 흘러 겸손함을 보여주고, 물은 부드러움을 가지고 있는 한편으로 강함을 지니고 있어서 큰 홍수로 세상을 확 쓸어버리기도 한다. 자연스레 흐르면서 여러 가지 덕을 지니는 '물처럼 살아가는 것'이 이상적인 삶의 과정이라고 하였다.

05 선과 악

도덕(윤리)은 사회유지에 필요한 규율이기 때문에 '옳고-그름(善-惡, good and evil)'을 반드시 구별해야 한다. 일반적으로 사회가 도덕적 가치로 인정하면서 그것의 확대를 추진하는 것을 선이라 하고, 그 반대를 악이라고 한다.

그러나 사회가 높이 평가하거나 배척하는 것이 일정하게 정해져 있는 것이 아니라 시대와 문명에 따라서 다르기 때문에 선악의 판단을 단정할 수도 없다. 또한 지배하고 착취하는 계급과 지배당하고 착취당하는 계급은 평가의 기준이 달라서 선악의 판단에 차이가 있을 수밖에 없다.

예를 들어

» 관념론자들은 선·악을 시대나 사회 상태를 초월한 영원한 것이라고 규정한다.

» 중세에는 (종교적 입장에서) 율법의 준수를 선이라 하면서 선을 신적이고 초월적인 것으로 규정하였다.

» 칸트는 (의무론적인 입장에서) 인간에게 내재되어 있는 도덕법에 일치하는 것에서 선을 발견해야 한다고 하였다.

» 유물론에서는 인간의 쾌·불쾌를 기준으로 선과 악을 구별하려고 하였다.

» 엥겔스(Engels, F.)는 "민족과 시대에 따라 선과 악의 관념은 변천하여 왔으며, 때로는 정면으로 모순되며 충돌할 정도이다"라고 하면서, 사회의 발전이 요구하는 행위를 하는 것이 선이고 이것에 반하는 것이 악이라고 하였다. 그러나 사회는 끊임없이 발전하기 때문에 발전의 단계와 시대에 따라 선과 악의 내용에 차이가 나타나게 된다고 하였다.

» 성리학에서는 사람의 인성은 인(仁)·의(義)·예(禮)·지(智)에 의한 본연의 성(性)과, 본연의 성을 흐리게 하여 변형을 초래하는 기질의 성으로 구성된다고 본다. 본연의 성은 모든 인간의 마음속에 본래 존재하고 있는 이(理)로서 도덕적 본성을 의미하고, 기질의 성은 육체와 감각의 작용으로 나타나는 인간 본능을 의미한다. 그러므로 본연의 성에 따르는 행위는 선한 것이고, 기질의 성에 따르는 행위는 사람의 욕심에 의해서 악으로 흐르는 경향이 있다고 하였다.

선과 악을 나누는 기준이 무엇인지 탐구하는 것도 중요하지만, 도대체

선이란 무엇이고 악이란 무엇인가 하는 선악 자체의 의미를 살펴보는 것도 그에 못지않게 중요하다.

우리는 보통 선(善)이란 말에서 '착함'과 '좋음'을 떠올린다. 맹자가 '인간의 본성은 선하다.'고 말한 것은 착하다는 의미에서의 선이다. 이에 비해 '좋음'은 '싫다'의 반대로서 '좋다(好)'는 뜻과 '나쁘다'의 반대로서의 '좋다(善)'는 의미가 있다. '싫다'의 반대로서 '좋다(好)'는 주관적인 감정표현인데 반해서, '나쁘다'의 반대로서의 '좋다(善)'는 객관적인 가치평가이다.

예를 들어 "그 의사가 좋다"고 말했다고 하자.

주관적인 감정표현으로서는

"나는 그 의사를 개인적으로 좋아한다."는 뜻이지만,

객관적인 가치평가로서는

"그 의사는 훌륭하고 유능해서 진단이나 투약을 잘하는 의사이다."라는 뜻이다.

서양의 윤리학에서 논하는 '선'은 '착함(어진 마음)'이나 '주관적인 감정표현으로서의 호감'이라기보다는 객관적인 가치평가로서의 '훌륭하다' '유능하다' '즐거움을 준다'는 의미이다.

예를 들어 좋은 인간(good man)은 '인간의 본질을 완전하게 실현해서 인간을 인간답게 하는 사람'를 뜻하고, 좋은 국가는 '국가의 본질을 완전하게 실현해서 국가를 국가답게 하는 국가'를 뜻한다.

이처럼 자연적으로 주어진 사물의 고유한 본성을 완전히 발휘하여 자기의 존재의미를 충족시키는 것을 '선'으로 보는 것은 그리스 철학의 자연주의적 세계관을 반영한 것이다. 그러나 중세시대 기독교에서의 '선'은 전능하고 완전한 존재인 신은 선 그 자체이고, 행복은 그런 신을 믿음으로써 얻어지는 즐거움과 행복으로 보았다.

산업혁명 이후에는 '인간이 바라는 목적이나 욕구가 충족되어 행복한 결과를 가져오는 것'이 곧 선이고, 자본주의가 세계화의 이념으로 작용하고 있는 오늘날에는 '자본주의 사회에 쓸모가 있는 사람 또는 그런 사람이 되는 것'이 선이라고 말할 수 있다.

　다음은 동·서양의 여러 철학사상가들이 가졌던 선과 악에 관한 사상들을 모아서 정리한 것이다. 무엇이 선이고, 무엇이 악인지 정확하게 분별하기는 어렵지만, 선각자들의 사상을 살펴봄으로써 선과 악에 대한 각자의 생각을 되짚어보기 바란다.

- » 악이란 참으로 악이 아니라 다른 종류의 선이요, 선 전체를 위해서 필요한 일부분이다. - 초기 그리스 철학자
- » 개개의 인간은 무엇이 선이고, 무엇이 악인지 스스로 결정할 권리를 가지고 있다. 그러므로 내가 악이라고 생각하는 것을 너는 선이라고 생각해도 좋다. - 소피스트(Sophist)
- » 지혜가 최고의 선이다. 무엇이 옳은가를 아는 사람은 옳은 것을 행한다. - 소크라테스(Socrates)
- » 감각의 세계는 악의 세계이고, 이데아의 세계는 선의 세계이다. 인간은 이성을 통해서만 이데아의 세계를 인식할 수 있으므로 이성은 인간에게 최고의 선이다. - 플라톤(Plato)
- » 제각기 가지고 있는 재능과 능력을 완전히 실현하는 자기실현이 최고의 선이다. - 아리스토텔레스(Aristoteles)
- » 모든 인간 활동의 목적은 쾌락이며, 행복은 모든 것 가운데 최고의 선이다. - 에피쿠로스학파
- » 최고의 선은 세계와 조화롭게 행동하는 데에 있다. - 스토아학파
- » 신은 모든 선의 근원이며, 물질은 모든 악의 근원이다. - 그리스종교 사상가

» 세계에 있는 모든 것은 선하다. 악이란 상대적이고, 선의 결핍이다.
   – 아우구스티누스(Augustinus)

» 인간을 즐겁게 하는 것은 선이고, 고통이나 괴로움의 원인이 되는 것
   은 악이다. – 홉즈(Hobbes)

» 행복을 가져오는 것이 선이고, 고통을 초래하는 것이 악이다. – 로크
   (Locke)

» 인간의 영혼 속에는 선과 악의 표준에 이르는 어떤 생득적 원칙들이
   있다. 이 원칙에서 선한 행위와 악한 행위를 추론할 수 있다. – 라이
   프니츠(Leibniz)

» 선한 의도를 가지고 도덕법칙을 존경하는 마음에서 한 행위는 선한
   것이다. 행위의 결과가 선·악을 결정짓는 것이 아니다. – 칸트(Kant)

» 도덕성이나 선은 단 한 번에 성취할 수 있는 상태가 아니라 모든 상
   황에서 도덕법칙에 부응하도록 행동하기 위한 지적(知的)인 노력이
   다. – 피히테(Fichte)

» 최대다수의 최대행복이 선의 척도이다. – 밀(Mill), 벤담(Bentham)

» 개인을 위해, 함께 살고 있는 사람들을 위해, 그리고 뒤에 올 사람들
   을 위해 삶을 풍요롭게 만들어 주는 것이 최선의 행위이다. – 스펜서
   (Spencer)

» 집단과 그 집단 안에 있는 개인의 목적에 이바지하는 것이 선이다.
   – 제임스(James), 듀이(Dewey)

» 하늘에서 내리는 명령을 선이라 한다. – 중용(中庸)

» 음과 양의 조화에 따라 만물이 생성 변화하는 것이 도이고, 도를 따
   르는 것이 선이다. – 주역(周易)

» 현자(현명한 사람)가 하고자 할 만한 것이 선이다. – 맹자(孟子)

» 인성의 자연스러운 발현이 선이고, 마음속에서 비교 계산하여 사사로

움에 기울어진 것이 악이다. - 이이(李珥)

06 윤리학의 분류

2019년도 2급 체육지도자(전문, 생활, 장애인, 유소년, 노인) 자격시험 문제에 여러 가지 윤리학의 이름이 등장했기 때문에 (어쩔 수 없이) 윤리학의 갈래들을 용어해설 수준에서 설명한다. 분류기준이 같거나 서로 대비되는 윤리사상이면 글머리표(소제목 앞의 ★, ♠, ◐, ■ 표시)를 같게 표시하였다.

❶ 윤리(倫理)

요즈음 학생들은 한문을 배운다고 하면 중국 글자를 배우는 것으로 잘못 알고 있는 경우가 많지만, 실재로는 성리학이라고 하는 학문을 배우는 것이다. 춘추전국시대에 공자가 창시한 유학사상이 발전을 거듭하여 송·명 시대에 학문적인 체계를 갖추게 된 것을 성리학, 종교적인 체계를 갖추게 된 것을 유교라고 한다.

성리학을 배우는 순서는 논어, 맹자, 대학, 중용이라는 4권의 책(四書)를 먼저 배운 다음 시경, 서경, 역경으로 이루어진 3권의 경전(三經), 그다음에 춘추와 예기(3경과 합해서 5경)를 배우는 것이 일반적인 관례였다.

『예기』라는 책에 처음으로 윤리라는 말이 나오는데, 거기에서는 "인간이 한동아리로서 서로 의존해 살아가면서 지켜야 할 질서를 의미한다."고

되어 있다. 현대식으로 해석하면 윤(倫)은 무리·또래·질서 등의 의미가 있고, 리(理)는 이치·이법 또는 도리 등의 뜻이 있으므로 윤리는 '인간이 사회를 구성하고 살아가는 데 있어서 지켜야 할 이치 또는 도리'라는 의미가 된다. 다르게 말해서 사물의 이치를 물리(物理)라고 한다면, 윤리는 인간관계의 이치이다.

유교에서는 대표적인 인간관계(반드시 지켜야 할 윤리)로 부자유친, 군신유의, 부부유별, 장유유서, 붕우유신 등 오륜을 강조한다.

영어에서 윤리의 의미를 가진 에틱스(ethics)는 '습속 또는 성격'이라는 뜻의 그리스어 에토스(ēthos)에서 유래하였고, 도덕철학(moral philosophy)이라고도 불린다.

서양의 전통적인 윤리이론에 대해서는 이미 설명하였으므로 여기에서는 생략하고, 근대 이후에 나온 여러 가지 윤리이론(기존의 전통윤리이론을 재해석한 것도 포함) 가운데서 일부를 설명한다.

★ 규범윤리(normative ethics)

인간행동의 기준 또는 규범을 탐구하는 학문으로, 옳고그름을 판단하는 기준과 도덕원리 등을 알아내려고 한다. 전통적으로 내려오던 의무론, 결과론, 공리주의, 덕윤리처럼 보편적인 도덕 법칙을 세워서 문제 해결의 토대를 만들고, 도덕판단의 준거를 찾고자 하는 것을 이론규범윤리학, 과학기술의 급속한 발달로 인해서 실생활에서 생기는 윤리문제(예 ; 자살이나 낙태)를 해결하려고 하는 규범윤리학을 실천(응용)규범윤리학으로 세분하기도 한다.

★ 메타윤리(metaethics)

20세기 초·중반에 영미권(특히 미국)에서 집중적으로 논의되었던 윤

리학의 한 갈래로 분석윤리학이라고도 한다. 가치판단이나 도덕판단 또는
도덕적 실천에는 관심이 없고, 윤리학 자체를 연구한다.

그들은 윤리학에서 사용하는 용어(예; 선하다)의 의미를 분석하고, 규
범윤리학에서 이용하는 논리와 추론(예; 가난한 자를 돕는 것은 선한 동기
에서 한 일이므로 결과에 관계없이 선한 행위이다. →정말? 거짓?)을 분석
하고, 도덕적 진리나 객관적인 선·악이 실제로 존재하는가? 있다면 우리
가 인식할 수 있는가? 등을 따졌다.

① '옳다'는 것의 의미와 그 정당성, 도덕적 행위와 기준 등을 인간이 어
  떻게 인식할 수 있는가와 같이 윤리학 자체에 대한 질문에 답하려고
  한다.

② 인지주의 : 도덕적 진리는 인식될 수 있고, 도덕적 진술의 참거짓은
  판별이 가능하다. 뭐가 선하고 뭐가 악한지도 객관적으로 판단할 수
  있다.

③ 비인지주의(정서주의) : 선악에 객관적인 의미가 존재하는 것이 아니
  고, 그때그때 우리의 정서적 감정으로 판단하는 것이다. 그러므로 선
  이나 악은 우리의 감정을 나타낸 것에 불과하다.

★ 기술윤리(descriptive ethics)

어떤 물건을 만드는 기술(技術)이라는 뜻이 아니고, 무엇을 기록하고
설명한다는 기술(記述)이다.

도덕은 사회적 관습에서 시작되고, 도덕적 행위는 문화적 현상이므로
문화가 서로 다르더라도 어느 것이 옳고 어느 것이 그르다고 주장하지 말
고 서로 이해하는 것이 중요하다고 강조하는 것이 기술윤리이다. 기술윤리
론자들은 여러 나라 사람들이 실제로 갖고 있는 도덕적 풍습 또는 관습을
단순히 묘사하거나 서술하기 때문에 서술윤리학이라고도 한다. 옳고그름이

라는 가치를 따지지 않고(가치중립적이고), 객관적이다. 윤리학이라기보다는 사회과학의 한 영역에 더 가깝다.

① 도덕적인 현상과 문제에 대해 명확하게 기술하고, 기술된 현상들 간의 인과관계를 정확하게 설명하고자 한다.

② '전 세계 사회집단의' 구체적인 도덕적 관행에 특별한 주의를 기울이고, 도덕적 관행을 문화적 사실로 본다.

③ 도덕 원리의 정립보다 다른 문화에 대한 이해가 중요하다고 본다.

④ 윤리적 현상의 논리적 인과관계를 명확히 설명하고자 한다.

⑤ 현실 사회문제 해결에 관심을 두지 않는다.

★ 응용윤리(applied ethics)

메타윤리학이 "지나치게 이론적이고 복잡하며 실생활에 도움이 되지 않는다."는 비판을 받으면서 퇴조하자 응용(실천)규범윤리학(보통 응용윤리라고 함)이 새로운 관심을 받게 되었다. 즉 과학기술이 급속도로 발달하면서 생겨나는 새로운 형태의 윤리적 문제(기존의 규범윤리로서는 해결할 수 없는 문제)를 해결하려고 생겨난 것이 응용윤리이다.

① 현실적으로 나타나는 사회 문제(예; 임산부가 낙태하는 것은 선인가? 악인가?)를 해결하려고 한다. 규범윤리에서는 보편적인 인간관계의 문제를 해결하려고 하는 것과 대조된다.

② 어떠한 도덕이론이 타당한가에 관심을 갖는다. = 이론윤리와 응용윤리의 공통점이다.

③ 구체적인 상황에서 적용해야 하는 도덕규범을 정립한다.

④ 이론적 타당성 검토를 위해 메타윤리를 이용한다.

❖ **의료윤리**……의사와 간호사 등 의료계에서 발생하는 윤리적 문제들을 다룬다.

❖ 공학윤리……공학 분야에서 발생하는 윤리적 문제들을 다룬다.

그밖에 전문분야별로 연구윤리, 생명윤리, 생태윤리, 법윤리, 정보윤리 등이 모두 응용윤리에 속한다.

♠ 사회윤리(social ethics)

독일에서 미국으로 이주한 복음파 신학자 니부어(Niebuhr, Reinhold)가 제창한 사상이다.

① 사회집단의 도덕성은 개인의 도덕성보다 현저하게 떨어진다. 즉 개인적으로 상당히 도덕적인 사람도 자기가 소속된 집단을 위해서는 이기적으로 행동하기 쉽다. 이것을 집단이기주의라 하고, 사회윤리에서는 집단이기주의를 사회악으로 본다.

② 개인적인 양심이나 덕목에 호소하는 것으로는 복잡한 사회문제(사회악)를 해결하기 어려울 뿐 아니라 개인의 선한 의지만으로는 사회정의를 실현할 수도 없다.

③ 사회악을 제거하고 사회정의를 실현하기 위해서는 폭력이나 강제력을 동원할 수밖에 없게 되는데, 그러면 폭력이 폭력을 낳는 악순환이 계속된다.

④ 개인이 도덕적으로 살려고 해도 그가 살고 있는 사회의 도덕성이나 구조가 잘못되어 있다면 그가 어떻게 도덕적으로 살 수 있겠는가? 개인에게 선하게 살라고 요구하기 전에 잘못된 관행과 제도부터 고쳐야 하지 않겠는가? – 니부어가 한 말

⑤ 그러므로 "사회적 도덕문제를 해결하기 위해서는 사회정책과 제도를 개선해야 하고, 개인의 도덕성을 함양하며, 개인의 도덕성이 올바르게 표현될 수 있는 사회적 여건을 마련해야 한다."고 주장하는 것이 사회윤리이다.

♠ 환경윤리(생태철학)

독일 태생 유대인 철학자 요나스(Jonas, H.)가 『책임의 원칙』이라는 책에서 "자연을 망치면 인간의 자유도 망친다."고 하면서 인간의 책임 범위를 자연으로까지 확장한 윤리사상이다.

① 현대의 기술문명과 자본주의는 우리에게 인간다운 삶을 실현할 수 있는 힘과 수단을 제공하였다. 그러나 인간이 자연을 지배하면 할수록 더 자유로울 수 있는 것이 아니라 자연이 인간을 언제라도 파멸시킬 수 있게 된다.

② 자연은 인간 없이도 계속 존재할 것이다. 그러므로 인간이 탐욕스러운 권력(자연을 지배할 수 있는 과학기술의 힘)을 스스로 억제(통제)하지 못할 때 우리를 기다리는 것은 인간의 파국이지 결코 신의 구원이 아니다.

③ 따라서 신이 우리에게 부여한 자유(기독교에서 세상만물은 인간을 위해서 신이 창조하였다고 하는 사상)를 지키기 위해서라도 자연을 보호해야 한다.

다음은 환경윤리와 관련된 말들을 모아서 정리한 것이다. 그것들을 읽다 보면 환경윤리가 무엇인지 저절로 알 수 있기를 바라고 모아놓았다.

❖ 현대 기술은 결과를 예측하기 어렵고, 그 결과가 인간뿐만 아니라 전 생태계에 강제적으로 영향을 미치며, 그 영향이 오래 동안 지속된다는 특징이 있다. 따라서 우리는 기술 권력을 통제할 수 있는 능력과 책임감을 가져야 한다.

❖ 전통윤리는 오직 인간과 인간의 관계가 어떠해야 한다고 말해줄 뿐 인간과 자연의 관계에 대해서는 침묵한다. 그러나 요나스는 인간은 자연의 일부일 뿐이고, 다른 생명체와 어울려 살 수밖에 없는 존재

이므로 자신을 포함한 다른 사람, 다른 존재에 대한 연대 책임이 있다고 보았다. – 오늘날 환경보호사상의 핵심이 됨.

❖ 요나스가 가장 중요하게 여긴 것은 미래 인류의 존속과 인류의 유일한 터전으로서의 자연(지구) 파괴를 방지할 수 있는 책임의식의 계발, 현대 과학기술이 지니고 있는 가공할 권력과 그것이 야기하는 위험에 대처하는 것이었다. 즉 책임을 법률적 차원이 아닌 윤리적 차원에서 다루고자 하였고, 자연에 대한 인간의 도덕적 책임을 처음으로 주장했다는 의미에서 요나스의 사상을 책임윤리라고 하는 학자도 많다.

❖ 요나스는 과학기술의 발달속도를 윤리의식이 따라가지 못해 그 사이에 괴리가 생긴다(=윤리적 공백이 생긴다)고 말했는데, 이와 같은 윤리적 공백 개념을 통해서 과학기술의 위험성을 경고한 것으로 유명하다.

❖ 요나스는 과학기술의 발달로 인해 생명과 자연이 위기에 처했고, 이를 해결하기 위해 윤리학이 필요하다고 주장하였다.

❖ 자연은 책임을 질 능력이 없고, 미래 세대는 인간이긴 하지만 지금 살고 있는 게 아니라서 책임을 질 수 없다. 그러므로 현재 살고 있는 인간만이 책임의 주체가 될 수 있고, 자연이나 미래 세대는 책임의 대상일 뿐이다. 즉 그는 쌍방적 책임이 아닌 인간의 일방적 책임을 주장한 것이다. 요나스는 "현재 살고 있는 인간만이 책임질 수 있는 능력을 가지고 있기 때문에 책임을 질 의무가 있다."고 주장하였다.

❖ 오늘날 생명과학 기술의 발달로 노화를 더디게 만들고, 인간의 수명을 연장하며, 어쩌면 무한정 늘릴 수 있을지도 모른다는 전망까지 나오고 있다. 이제 죽음은 더 이상 생명체의 본성에 속하는 필연성이 아니라 피할 수 있는 것이며, 최소한 오랫동안 지연시킬 수 있는

것처럼 보인다. 이것이 과연 개인과 인류에게 소망스러운 일인가? 이에 대한 요나스의 대답은 '죽음'은 '태어남'과 연결되어 있고, '사멸'이 없으면 '탄생'도 없게 된다. 그러므로 인류에게는 큰 불행의 씨앗이라고 주장하였다.

◐ 심정윤리와 책임윤리

베버(Weber, M.)는 직업윤리를 심정윤리와 책임윤리라는 두 가지 유형으로 분류하였다. 심정윤리는 행위자가 선한 의도에서 어떤 행위를 했다면 설령 그 행위의 결과가 나쁠지라도 행위자에겐 책임이 없다고 보는 윤리이고, 책임윤리는 선한 의도로 한 행위라도 행위자가 결과에 대한 책임을 져야 한다고 보는 윤리이다.

예를 들어 의사가 암에 걸린 환자가 괴로워하는 것이 안타까워서 암이 아니라고 거짓말을 했는데, 결과적으로는 그 환자가 암 치료를 받지 않아서 일찍 사망하였다고 가정하자. 심정윤리를 믿는 사람은 선한 의도로 거짓말을 하였으므로 의사에게 죄가 없다고 주장할 것이고, 책임윤리를 믿는 사람은 의사가 거짓말을 해서 결과적으로 환자가 일찍 사망하게 했으므로 죄가 있다고 주장할 것이다.

다음은 심정윤리와 책임윤리에 관한 내용들을 정리한 것이다.
» 책임윤리는 사회가 다원화되고 익명성이 커지면서 책임의 주체가 불분명해짐에 따라 대두되었다.
» 책임윤리는 선한 심정을 무시하는 것은 아니지만, 예견할 수 있는 행위의 결과는 물론이고 의도하지 않은 부수적인 결과도 충분히 인식하고, 그것들을 서로 비교 측정한 후에 행위를 해야 한다고 주장한다.
» 공직자나 정치인에게는 특별히 책임윤리가 요구된다.

» 심정윤리에서는 순수한 심정에서 나온 행위의 결과가 나쁘면 그것은 행위자의 책임이 아니라 세상의 책임이거나 인간을 어리석도록 만든 신의 책임이라고 주장한다.

» 심정윤리는 성자 또는 성직자에게 요구되는 윤리이다.

▣ 정의윤리와 배려윤리

정의가 무엇인지에 대하여는 다음 절에서 자세히 설명한다.

이성(理性), 개별성(個別性), 공정성(公正性), 보편적 원리 등을 강조하는 것을 정의윤리라 한다. 현재 각국의 법률들은 대부분 정의윤리를 실천하는 방향으로 제정되어 있다.

미국의 여성 윤리학자 길리건(Gilligan, C.)과 나딩스(Noddings, N.)가 정의윤리는 여성의 도덕적 특징을 간과했다고 비판하면서 배려와 인간관계 등의 가치를 강조한 윤리사상을 배려윤리라고 한다.

» 배려윤리에서는 법이나 정책을 통한 정의의 구현보다 다른 사람들을 보살피고 배려하는 공동체적 관계가 삶에서 더 중요하다고 주장한다.

» 객관적으로 옳고그름을 추구하는 것도 중요하지만, 다른 사람을 배려하고 더불어 살아가려는 자세가 도덕적으로 더 바람직한 덕목이라고 보는 것이다.

» 배려윤리에서는 배려 · 공감 · 동정심 · 타인에 대한 유대감이나 책임감 등을 여성의 도덕적 특징이라고 본다.

» 배려윤리와 정의윤리는 도덕적 덕목을 서로 보완할 수 있는 상호 보완적 관계라고 할 수 있다.

07 정의(正義)

인류는 왕권이나 국가권력으로부터 자신의 존엄성을 지키고 향상시키기 위해서 자유를 얻으려는 투쟁을 끊임없이 계속해왔다. 그 투쟁의 과정에서 무한한 자유란 있을 수 없고, 필요에 따라 자유를 제한해야 한다는 데에 의견의 일치를 보았다.

즉 계약된 범위 내에서 자신이 누릴 수 있는 자유를 권리라 하고, 그 권리에 대한 대가로 지불해야 하는 것을 의무라고 한다. 그러므로 의무가 부과되지 않는 권리는 존재의 의의가 없고, 권리는 존중되어야 하고 의무는 준수되어야 한다.

개개인의 권리가 존중받고 개개인이 자신의 의무를 다 해야 사회가 구성되고 유지될 수 있기 때문에 사회의 구성원들이 일관되게 공정하고 올바르게 추구해야 할 덕목(가치) 또는 원리가 있는데, 그것을 정의(正義)라고 한다.

❶ 아리스토텔레스의 정의의 본질

아리스토텔레스는 정의의 본질은 '같은 것은 같게, 다른 것은 다르게 처우하는 평등'이라고 주장하면서 정의를 다음의 3가지로 분류하였다.

❖ **평균적 정의**……인간은 인간으로서 동일한 가치를 가지고 있는 것이므로 모든 사람이 평등하게 다루어져야 한다. 또는 동등한 대우를 받아야 한다. 개인 상호간의 매매와 손해 및 배상, 범죄와 형벌 등은 '같은 것은 같은 방법으로'의 원칙에 따라 균형을 취해야 한다는 것

이 평균적 정의이다. 다르게 표현해서 이해득실을 평균화하고 조정하는 것이다. 모든 사람은 법 앞에 평등하다.

❖ **일반적 정의**……사회에서 개인들 간에는 권리를 서로 존중해야 하고, 개인이 국가 또는 사회의 일원으로서 국가 또는 사회에 대한 의무를 다해야 한다는 정의이다. 모든 사람들에게 요구되는 조치, 또는 이행해야 할 의무의 내용이 법에 의하여 규정되기 때문에 법적 의무라고도 한다. 우리나라의 경우 국가는 국민의 자유를 최대한 보호해야 할 책임이 있고, 국민은 국가에 대하여 4대 의무를 이행해야 한다.

❖ **배분적 정의**……각자가 개인의 능력이나 사회에 공헌한 정도에 따라 다른 대우를 받아야 한다는 정의이다. 다시 말해서 전체와 그 구성원 사이의 관계를 조화하는 정의로, 단체생활에서 각 개인이 가지고 있는 능력과 가치가 다르기 때문에 그에 상응한 대우를 받아야 한다는 원리로 실질적 평등의 원리라고도 한다. 회사에서 직급에 따라 봉급이 다른 것은 배분적 정의이다.

❷ 롤스의 정의론

미국의 정치철학자 겸 윤리학자 롤스(Rawls, J.)가 그의 저서 『정의론(A Theory of Justice)』에서 "사회의 기본적 가치, 즉 자유와 기회, 소득과 부, 인간적 존엄성 등은 평등하게 배분되어야 하며, 이러한 가치들을 불평등하게 배분하는 것은, 그것이 사회의 최소 수혜자에게 유리한 경우에만 정당하다."고 주장한 가치론을 말한다.

롤스는 "진리가 사상체계에서 최고의 덕이듯이, 사회제도에서 최고의 덕은 공정이다. 불공정한 법과 제도는 그것이 아무리 효율적이고 잘 정리되었다 할지라도 개정되거나 폐기되어야 한다."고 말하면서 공정한 사회를 이룩하려면 다음과 같은 2가지 기본 원칙이 선행되어야 한다고 주장하였다.

① 정의의 제1원리(평등한 자유의 원칙) : 모든 사람들에게 기본적인 자유를 완벽하게 누릴 수 있도록 해야 한다. 즉 양심의 자유나 언론의 자유와 같은 기본적인 자유는 모든 사람이 평등하게 그리고 가능하면 최대한으로 누릴 수 있도록 해야 한다.

② 정의의 제2원리(차등의 원칙) : 사회적·경제적 불평등 문제는 다음 2가지 조건을 만족시킬 수 있을 때에만 정당한 불동등(不同等)으로 인정받을 수 있고, 그 부동등이 해소될 수 있도록 조정되어야 한다. 많은 사람의 번영을 위해서 일부가 손해를 입는다는 것은 편리할지는 모르나 정의롭지는 않다. 그러나 그로 인해 불운한 사람의 처지가 향상된다면 소수자가 더 큰 이익을 취한다고 해도 정의롭지 못한 것은 아니다.

- 기회균등의 원칙……부동등의 원천이 되는(부를 분배할 때 다른 사람보다 더 많이 분배 받을 수 있는) 모든 지위와 직책은 반드시 모두에게 동등한 기회 하에 개방되어 있어야 하고, 그와 같이 부동등하게 분배를 해도 사회에 득이 된다고 판단될 때에만 사회적·경제적 불평등이 인정된다.

- **최소 수혜자 우선성의 원칙**……사회적·경제적 불평등은 가장 불리한 처지에 있는 사람들에게 우선적으로 최대의 이익을 가져올 수 있도록 조정되어야 한다.

③ 롤스는 정의의 원칙을 정하기 위해서 계약에 참여하는 사람들이 지니고 있어야 할 지식에 관련된 조건으로 특정한 정책의 선택이 자신에게 유리할지 불리할지를 모르는 무지의 베일에 가려져 있는 상태

(원초상태)인 사람들이어야 어떤 계층에 특별히 유리하거나 불리하지 않도록 조화로운 사회계약을 체결할 수 있을 것이라고 하였다.

④ 롤스는 '원초적 입장의 당사자들이 타인에게 무관심한 합리적 개인'들이어야 한다고 하였다. 즉 다른 사람이 조금이라도 손해를 보게 생겼으면 기꺼이 내 권리를 포기하는 이타적인 사람도 아니고, 상호 간에 애정이나 동정심을 갖고 있지도 않은 사람이며, 자신에게 선택권이 주어지면 자신의 욕구를 보다 많이 만족시켜 주고 보다 성공적으로 실현시켜 줄 가능성이 큰 것을 택하는 사람이어야 된다는 것이다. 이것을 상호 무관심적 합리성이라고 한다.

⑤ 이와 같이 원초상태에서 상호 무관심적 합리성에 의해서 합의된 일련의 사회계약을 사회정의의 원칙으로 사용해서 사회협동체를 규제해야 한다.

⑥ 롤스는 위에서 설명한 3가지 원칙(평등의 원칙, 기회균등의 원칙, 최소 수혜자 우선성의 원칙)들 사이의 갈등을 방지하기 위하여 이들 세 가지 원칙들 사이에 우선순위를 부여하였다. 즉 평등의 원칙을 가장 우선적으로 지켜야 하고, 그다음에 차등의 원칙을 지켜야 한다는 것이다. 차등의 원칙 중에서도 기회균등의 원칙을 먼저 지킨 다음 최소 수혜자 우선성의 원칙을 지켜야 한다. 예를 들어 입법자가 공익실현을 위하여 기본권을 제한하는 경우에도 입법목적을 실현하기에 적합한 여러 수단 중에서 되도록 국민의 기본권을 가장 존중하고 기본권을 최소로 침해하는 수단을 선택해야 한다는 것이다. 이것을 침해 최소성의 원칙이라고 한다.

③ 샌델의 정의

롤스의 정의론은 아리스토텔레스의 정의론에 없는 차등의 원칙을 통해서 불평등한 정의를 인정했다는 데에 큰 의의가 있다. 하버드대학의 샌델(Sandel, M. J.) 교수는 2009년에 발표한 그의 저서『정의란 무엇인가』에서 어떤 것이 정의이고, 어떤 것이 부정의인지 판단하는 기준을 다음과 같이 제시하였다.

샌델은 정의로움을 판단할 수 있는 기준으로 다음의 3가지를 제시하였다.

① 사회구성원의 행복에 도움을 줄 수 있는가? - 공리주의, 최대다수의 최대행복

② 사회 구성원 각자의 자유로움을 보장할 수 있는가? - 자유주의

③ 사회에 좋은 영향을 끼칠 수 있는 미덕인가? - 공동체주의

샌델은 여러 가지 예와 철학자들의 사상을 통해서 설명하였지만, 여기에서는 단 한 가지 예만 들어서 간략하게 설명한다. 아이를 낳지 못하는 미국인 부자 부부와 가난하지만 젊은 인도의 한 여성 사이에 대리모 계약을 맺어서 아이를 출산했다고 하자.

① 공리주의 입장에서 보면 손해본 사람은 한 사람도 없고, 모두 원하는 것을 얻었으므로 최대다수의 최대행복에 부합된다. 그러므로 대리모 계약은 정의로운 일이라고 결론을 내릴 것이다.

② 자유주의 입장에서 보아도 관계되는 모든 사람이 자신의 의사에 따라서 계약을 했고, 강요하거나 압력을 행사한 사람도 없다. 그러므로 대리모 계약은 정의로운 일이다.

③ 공동체주의 입장에서 보면 대리모 계약은 과연 미덕인가? 공리주

의 입장에서 행복한 것을 선택하였다고 해서 반드시 정의라고 할 수 없고, 자유주의 입장에서 평등한 입장에서 자유롭게 선택한 것이라고 해도 반드시 정의라고 하기 어렵다. 인간 행위의 가치를 수량적으로 측량할 수 없는 경우가 더 많고, 다른 것보다 우선하는 가치가 있으며, 정의를 실현하기 위해서는 반드시 지켜져야 하는 가치가 있고, 정의는 미덕 그리고 좋은 삶과 밀접히 연관되어 있다. 그러므로 정의를 행복의 합계나 자유보장으로 단순히 설명할 수 없으며, 오히려 다양한 도덕적·종교적 가치에 대한 논의로부터 공동체 구성원의 좋은 삶과 공동선에 대한 답을 천천히 찾아보아야 한다는 것이다.

즉 샌델은 정의를 이해할 수 있는 행복·자유·미덕은 보는 관점에 따라서 정의일 수도 부정의일 수도 있으므로 공동체 구성원들의 좋은 삶과 공동선에 대한 담론을 통해서 답을 천천히 찾아보아야 한다고 주장하는 공동체주의 입장을 취하고 있다.

④ 여러 가지 정의

정의는 경제정의, 사회정의, 정치정의, 법정의 등 가치와 이론이 다양하다. 정의를 넓게 보면 인간의 품성과 덕성을 가리키는 윤리적 개념일 수도 있다.

❖ 사회정의(social justice)⋯⋯권력과 의무, 기회와 재화, 이익과 부담, 지위와 특권 등 여러 가지 사회적·경제적 가치들이 사회 구성원들 사이에 어떻게 배분되어 있는가에 관심을 갖는 일종의 분배적 정의

를 의미한다. 즉 사회 구성원 각자가 자신이 향유하여야 할 사회적 · 경제적 가치 중에서 응분의 몫을 누리는 상태를 의미한다.

❖ **보상적(시정적) 정의와 분배적 정의**……적용 대상이 다르다. 분배적 정의는 권력 · 명예 · 재화 등을 시민들 간에 나눌 때 적용되는 원칙이고, 보상적 정의는 개인과 개인 간에 나눌 때 적용되는 원칙이다. 그러므로 분배적 정의는 사람에 따라 차별을 두고, 보상적 정의는 사람에 따라 차별을 두지 않는다.

❖ **절차적 정의와 결과적 정의**……분배적 정의가 실현되는 사회는 '사회 구성원 각자가 응분의 몫을 누리는 사회'를 의미한다고 할 수 있다. 그러나 '각자에게 응분의 몫'을 분배하는 기준이 무엇인가? 라는 질문에 분배적 정의로는 대답할 수 없다.

사회 구성원 각자에게 '응분의 몫을 정하는 기준'으로 정할 수 있는 것에는 각자가 성취한 성과, 각자가 투자한 노력(자금도 포함) 등을 생각할 수 있다.

절차(과정, 노력)에 초점을 두는 것이 절차적 정의이고, 결과(성과)에 초점을 두는 경우가 결과적 정의이다.

❖ **일원론적 정의관과 다원론적 정의관**……분배적 정의에서 각자의 몫을 정하는 기준에 대한 전통적 견해들은 대체로 필요에 따른 분배, 능력 및 성과에 따른 분배, 투여된 노력에 따른 분배, 생산성에 따른 분배, 사회적 효용에 따른 분배, 수요와 공급에 따른 분배 등이 있다. 그러한 기준 중에서 어느 하나를 단일 기준으로 제시하는 것을 일원론적 정의관, 2개 이상의 기준을 제시하는 것을 다원론적 정의관이라고 한다.

06 도덕성

도덕과 윤리라는 용어가 거의 구분 없이 사용되는 것으로 보아서 인간의 도덕성에 대한 연구를 윤리학자들이 했을 것으로 추측되지만, 실은 심리학자들은 도덕성에 대한 연구를 해왔다.

❶ 도덕성의 세 가지 요소

심리학자들은 도덕성을 구성하는 요소에는 정서적 요소, 인지적 요소, 행동적 요소가 있다는 가정 하에 연구해왔다. 그러나 각자의 입장에 따라 초점을 맞추는 측면은 다르다.

- ❖ 정서적 요소……프로이드(Freud)와 같은 정신분석이론가들은 '잘못을 저질렀을 때 부끄러움이나 수치심을 느끼는 것'과 같은 도덕성의 정서적 측면을 강조하였다.
- ❖ 인지적 요소……피아제(Piaget)와 같은 인지발달이론가들은 '합리적이고 공정한 기준에 근거해서 도덕적인 판단을 내릴 수 있는 지적능력', 즉 도덕성의 인지적 요소를 강조하였다.
- ❖ 행동적 요소……스키너(Skiner)와 같은 행동주의심리학자들은 '자신의 잘못된 행동 또는 도덕적으로 옳지 못한 행동을 수정해서 더 바람직한 행동으로 변화시키려고 하는 것'과 같은 도덕성의 행동적 요소를 강조하였다.

아동들에게 도덕성이 유발되는 원인에 대한 심리학자들의 의견(아이들이 착한 아이가 되고 싶어 하는 이유)

» 부모나 다른 사회적 대상을 동일시하고 내면화하려는 데서 도덕성이 유발된다(부모나 다른 사람들이 하는 것을 보고 똑 같이 하려고 해서 도덕성이 생긴다).

» 아동의 사고방식이 성숙되면서 자연스럽게 도덕성이 유발된다(아이들이 자라면 저절로 도덕성이 생긴다).

아동들에게 도덕 동기화가 일어나는 원인에 대한 심리학자들의 의견(도덕적인 행동을 실제 행동으로 옮기게 하는 힘 또는 욕구가 생기는 원인)

❖ **외재적 동기화**……죄책감 · 보상 · 처벌 · 사회적 압력 등과 같은 외적이고 환경적인 요인 때문에 동기화가 일어난다. 구체적인 예로 부모나 교사의 기대에 부응하기 위해서, 성적이나 보상을 받기 위해서, 고통이나 처벌을 피하기 위해서, 가정 · 학교 · 사회의 규범을 따르기 위해서 동기화가 일어난다. 이런 아동들은 도덕적인 행동 그 자체보다는 도덕적인 행동의 결과에 더 관심을 둔다.

❖ **내재적 동기화**……욕구 · 흥미 · 호기심 · 즐거움 등과 같은 내적이고 개인적인 요인 때문에 동기화가 일어난다. 즉 자신의 욕구나 흥미 또는 호기심 등을 충족시키기 위해서 스스로 도덕적인 행동을 하려고 한다. 이런 아동들은 도덕적인 행동 그 자체를 보상으로 여기고 즐기려는 경향이 있다.

❷ 피아제의 도덕발달의 특징

'합리적이고 공정한 기준에 근거해서 도덕적인 판단을 내릴 수 있는 지적능력', 즉 도덕성의 인지적 요소가 발달하는 것을 도덕발달 또는 도덕적 판단력의 발달이라고 한다.

피아제는 아동들을 대상으로 실험한 다음 아동들의 도덕성은 다음 2단계로 순서적으로 발달한다고 주장하였다.

❖ **타율적(사실적) 도덕성의 단계**……6~10세의 아동은 규칙과 신념에 대한 존중감이 강하고, 그것에 항상 복종해야 한다고 생각한다. 또한 규칙이란 권위적 인물이 일방적으로 부과하며 매우 신성하고 결코 변경될 수 없다고 생각한다. 예를 들어 위급한 환자를 병원으로 이송하는 도중에 도로교통법을 위반했다고 하면, 이 단계에 있는 아동들은 "규칙을 어겼으므로 당연히 벌을 받아야 한다."고 생각한다. 이와 같이 타율적 도덕정의 단계에 있는 아동들은 규칙을 절대시한다.

❖ **자율적(상대적) 도덕성의 단계**……10~11세가 되면 2번째 단계인 자율적 도덕단계가 시작된다. 자율적 도덕성의 단계에 있는 아동들은 규칙은 사람들의 임의적인 합의에 의해서 만들어진 것이라는 것을 깨닫게 된다. 그러므로 규칙은 바뀔 수도 있고, 사람의 욕구에 따라 위배할 수도 있다는 것을 느끼게 된다. 아동들은 행동의 결과보다는 의도에 따라서 옳고 그른 것을 판단할 수 있게 된다.

❸ 콜버그의 도덕발달 이론 ·······························

미국의 심리학자 콜버그(Kohlberg)가 인간의 도덕성 발달에 피아제의 인지발달이론을 적용시켜 인간의 도덕성이 다음과 같은 3수준 6단계의 발달단계를 거쳐서 발달한다고 제안하였다.

콜버그는 피아제가 도덕성을 타율적 도덕성과 자율적 도덕성으로 양분한 것은 도덕성 발달을 지나치게 단순하게 본 것이라고 생각하였고, 피아제가 어린이를 연구대상으로 한 것을 성인으로까지 확대하였으며, 연구도구로 질문지를 사용하였다는 점에서 좋은 평가를 받고 있다.

❖ 제1수준(Pre-conventional level = 前 인습적 수준 = 前 도덕성 수준)······ 도덕적 선악의 개념은 있으나, 준거는 권위자의 힘이나 개인적 욕구에 관련시켜 해석한다.

- 1단계(벌과 복종의 단계)······3~7세에서 나타나는 단계이다. 복종과 처벌이 판단의 기준이 된다. 권위자의 처벌을 피하기 위해서 도덕적 행위를 한다.

- 2단계(상대적 쾌락주의)······8~11세의 어린이에게 나타나는 단계이다. 자신의 욕구를 충족시킬 수 있는지 없는지가 도덕적 판단의 기준이 된다. 제2단계의 어린이들은 모든 사람이(어른과 아이가) 똑같은 대우를 받기를 요구한다. 예를 들어 어린이는 일찍 자야 하는데 어른들은 왜 늦게 자도 되는지를 이해하지 못한다. 거래에서 절대로 손해를 보지 않으려 하고, 개인주의적이다. 친구의 잘못을 고자질하지 않으려고 한다.

❖ 제2수준(Conventional level = 인습 수준 = 타율 도덕성 수준)······자신이 속한 집단의 기대나 기준에 맞추어 행동해야 된다고 생각한다. 사회

질서에 동조하려고 힘 있는 사람과 동일시하려고 한다. 다른 사람의 상호작용을 고려한 사회 지향적 가치기준을 갖는다.

- 3단계(착한 아이 지향 = 개인 상호간의 동조 지향)……12~17세의 청소년에게 나타나는 단계이다. 타인과 좋은 관계를 유지하고 기대에 맞게 행동하는 것이 옳은 행동이라고 생각한다. 대인 관계 및 타인(친구)의 승인을 중시한다. 다른 사람의 관점과 의도를 이해할 수 있고, 고려할 수 있다. 남들에게 신중하고, 자신이 친절하고 좋은 사람이라는 인상을 심어 주려고 한다.

- 4단계(사회체제와 양심 지향 = 사회질서와 권위 지향)……18~25세에 주로 나타난다. 사회질서를 유지하면서 자신의 의무를 다하는 것이 옳은 행동이라고 생각한다. 법과 질서를 준수하며, 사회 속에서 개인의 의무를 다한다. 친구의 비행을 말할 것인가 말 것인가는 그 행위가 법을 어겼는가? 또는 공공질서를 심각하게 방해하였는가? 를 기준으로 판단한다.

❖ 제3수준(Post-conventional level = 後 인습적 수준 = 자율도덕성 수준)…… 자신의 가치관과 도덕적 원리원칙이 자신이 속한 집단과 별개의 것임을 깨닫게 되면서 개인의 양심에 근거하여 행위를 하게 된다.

- 5단계(공리성과 개인 권리의 지향 = 권리 우선과 사회계약의 단계)…… 일부의 사람들만 이 단계에 도달하기 때문에 나이를 들 수가 없다. 법과 질서가 무조건 옳은 것이 아니라 사회적인 유용성에 따라 합의에 이르게 되면 바뀔 수 있다. 인간으로서의 기본원리에 따라 행동하고, 신념이 서로 다른 사람들 간에 상호이익을 위하여 합의를 시도한다. 어떤 친구의 비행을 말할 것이냐 아니냐 하는 문제는 ① 그 친구가 그 행위를 하게 된 이유에 달려 있고, ② 그 친구의 행동이 보다 넓은 공동체에 끼칠 영향력을 고려하게 된다.

- 6단계(보편적 윤리원칙 지향)……극히 소수만이 이 단계에 도달하기 때문에 나이를 들 수 없다. 도덕적 원리에 따라 스스로가 선택한 양심적인 행위가 올바른 행위라고 본다. 법이나 관습 이전에 인간 생명의 가치가 무엇보다도 우선한다고 생각한다. 모든 사회와 모든 사람을 결속시키는 보편적 도덕의 원칙을 인식하게 된다. 정의는 모든 주장에 대하여 동등하게 생각하는 것이며, 모든 사람이 결코 수단으로만 여겨지지 않고 목적으로 여겨지는 것이다.

- 7단계(우주적 영생을 지향하는 단계)……콜버그는 말년에 7단계를 추가하였다. 도덕 문제는 도덕이나 삶 자체가 문제가 아니라 우주적 질서와의 통합이라고 보는 단계이다. 예수, 공자, 간디, 소크라테스, 칸트, 테레사 수녀, 루터 킹 목사 등 위대한 도덕가나 종교지도자, 철인들의 목표가 곧 우주적인 원리이다. 내가 대접을 받고자 하는 대로 남을 대접하라, 생명의 신성함, 최대다수를 위한 최선의 원리, 인간 성장을 조성하는 원리 등이 우주적인 원리에 속한다.

콜버그의 도덕성 발달이론의 특징은 다음과 같다.

» 도덕 발달의 단계별 순서가 정해져 있어서 변하지 않고, 발달은 하지만 퇴행은 없다.

» 낮은 단계에 있는 사람은 높은 단계를 이해하지 못하지만, 높은 단계에 있는 사람은 낮은 단계를 이해할 수 있다.

» 딜레마적인 상황에 처했을 때 그것을 해결하기 위해서 인지적구조가 재조정되는 것이 도덕성의 발달이다.

» 미국인 남성을 대상으로 콜버그의 도덕성 발달이론을 검증하는 연구를 한 결과 10~16세 소년들은 5, 6단계가 전혀 없었지만, 24세 된 성인들은 약 10%가 5, 6단계였다.

» 대부분의 성인이 3, 4단계에 머물러 있었지만, 연령증가에 따라 5, 6 단계에 도달하는 사람도 증가되었다.

❹ 길리건의 도덕성 발달이론 ⋯⋯⋯⋯⋯⋯⋯⋯⋯⋯⋯⋯⋯⋯⋯

길리건(Gilligan, C.)은 콜버그의 도덕성 발달이론이 성차별적이라고 비판하면서, 남성의 도덕성이 정의 지향적이라면 여성의 도덕성은 배려 지향적이라고 주장하였다.

❖ 정의지향⋯⋯사람들이 서로 공유하는 규칙 · 원리 · 권리 · 의무를 지키면서 살아가고, 서로를 공정하게 대우해야 이 사회가 정의로운 사회 또는 도덕적인 사회가 된다는 사고방식

❖ 배려지향⋯⋯사람들이 서로 간의 관계를 유지하는 것과 다른 사람의 어려움이나 심리적 고통을 덜어주려는 데에 관심을 기울여야 도덕적인 사회가 된다는 사고방식

길리건이 말한 "사람들이 정의 지향적이면 도덕적 사회를 이룰 수 있다."는 것은 보통 사람들인 경우에는 그럴듯하다. 그러나 가족 · 친구 · 애인과 같은 특수한 관계에 있는 사람들 사이에는 배려 · 사랑 · 충성 · 책임감과 같은 것을 더 중요시하는 배려 지향적이지 않으면 도덕적인 사회를 이룰 수 없다고 주장하였다.

길리건은 청소년들의 도덕적 판단을 분석한 결과를 바탕으로 "여성의 도덕성은 남성과 달리 배려 지향적인 측면이 강하기 때문에 아래와 같이 3수준의 발달단계를 거쳐서 발달한다."는 배려윤리 이론을 제안하였다.

❖ 제1수준(자기중심적 단계)⋯⋯여성이 타인에 대한 관심과 배려가 결

여되고, 오직 자기 자신을 위한 욕구만 보이는 단계.

- 제1이행기(1.5수준)······이기심에서 책임감으로의 변화하는 단계. 자신과 타인 간의 연계성을 인식하기 시작하고, 이기심과 책임감이 대립하기 시작하는 단계.

❖ 제2수준(책임감과 자기희생의 단계)······자신을 희생해서라도 타인이 원하는 것을 해주고 보살펴주려고 하는 모성애적 도덕률을 채택하는 단계.

- 제2이행기(2.5수준)······타인의 욕구뿐만 아니라 자신의 욕구도 고려함으로써 책임의 개념이 확대되는 단계. 선(善)에 대한 관심에서 진실(眞實)에 대한 관심으로의 변화하는 단계.

❖ 제3수준(자신과 타인에 대한 배려의 단계)······인간관계가 상호적이라는 것을 인식하고, 이기심과 책임감 간의 대립이 해소되는 단계. 개인의 권리 주장과 타인에 대한 책임이 조화된다.

길리건의 배려윤리 이론은 여성들의 도덕성에는 타인에 대한 배려를 중시하고, 타인과의 관계에서도 도덕적 원리보다는 인간관계의 유지를 먼저 고려하는 특징이 있다는 것이다.

❺ 레스트의 도덕성 4-구성요소 모형

콜버그의 다음 세대 연구자인 레스트(Rest)는 인지론적 입장에서 강조하는 도덕 판단력 이외에도 도덕적 행동에 영향을 미치는 정서와 행동요소들을 통합하여 4-구성요소 모형을 제시하였다.

그는 아래에 설명하는 4가지 도덕성 요소를 고려해야 도덕성 전체를 이해할 수 있다고 주장하였다.

❖ 제1요소(도덕 감수성)……도덕적인 반응을 필요로 하는 상황인지 아닌지를 지각할 수 있는 능력. 다른 사람의 감정과 반응을 해석할 수 있는 능력이다.

❖ 제2요소(도덕 판단력)……특정 행동이 도덕적으로 옳은지 그른지를 판단할 수 있는 능력. 어떤 도덕적 문제가 있을 때 자신의 도덕적 관점에서 옳고 그름을 판단하고, 무엇인가 거기에 적절한 행동을 결정하려고 노력하는 것이다.

❖ 제3요소(도덕 동기화)……"어떤 일에 관심이 있고, 어떤 일을 더 가치 있게 생각하느냐?"를 도덕동기라고 한다. 도덕적으로 동기화되면 자신의 도덕관을 반영할 수 있는 도덕적 행동을 선택하게 된다.

❖ 제4요소(도덕적 품성, 도덕적 성격)……자신이 선택한 도덕적 행동을 실천에 옮길 수 있는 기술과 실행능력을 말한다. 자신의 도덕적 결정을 행동에 옮기려면 마음이 흔들리지 않는 용기, 인내심, 자기통제 능력 등이 필요하다.

스포츠윤리의 이해

01 스포츠윤리의 독자성

일반윤리는 어떤 사회의 구성원들이 공유하는 도덕적 이상들의 집합이지만, 스포츠윤리는 스포츠 경기라고 하는 특수한 상황에서 요구되는 규범이나 도덕적 기준을 다룬다는 점이 다르다.

스포츠윤리와 일반윤리는 이론적 근거와 학문적 토대를 서로 공유한다는 점에서는 같다. 그러나 스포츠윤리는 스포츠경기라는 특수한 상황 속에서 부딪치는 윤리문제를 해결하는 원리 또는 행동지침을 제시한다는 점에서 독자적인 연구영역을 가지고 있다.

스포츠윤리라는 말을 들으면 사람들은 어떤 생각을 떠올릴까? 페어플레이? 스포츠맨십?

페어플레이와 스포츠맨십은 스포츠 세계에서 미덕으로 여겨져 왔지만, 승리하는 데에 오히려 방해가 되는 것으로 생각하는 사람도 있다. 그런데도 스포츠윤리에서는 왜 페어플레이와 스포츠맨십을 필요로 하는 것일까?

그 이유는 스포츠 윤리는 스포츠 세계에서 역사적·문화적으로 형성되어온 기풍이나 정신이고, 스포츠윤리가 구체적으로 표현된 것이 페어플레이와 스포츠맨십이기 때문이다.

02 스포츠윤리의 목적과 필요성

스포츠윤리를 스포츠 규칙과 관련지어서 생각하여 보자. 스포츠 규칙은 크게 구성적 규칙과 규제적 규칙으로 구분한다.

구성적 규칙은 특정 스포츠 경기를 진행하는 방법(경기방법)을 규정하는 것으로, 어떤 스포츠를 행하는 목적 · 수단 · 공간 · 시간 · 용구 · 용품 · 평가방법 · 벌칙 등에 관한 사항들을 정하고 있다.

한편 규제적 규칙은 참가자격을 정해 놓은 것이다. 예를 들면 올림픽헌장의 아마추어 규정(1974년에 폐지), 도핑금지 규정(1968년에 제정), 여성 확인 검사 등이다. 이러한 규제적 규칙은 스포츠 세계에 도핑이 만연되지 않게 하려고, 또는 남녀별 경기질서가 잘 준수되게 하려고 제정한 것이다.

그 외에 대회운영을 위한 표준기록에 관한 규칙과 선수가 안전하게 경기할 수 있도록 조건을 규정한 규칙도 있다. 어쨌든 규제적 규칙은 구성적 규칙과는 사뭇 다르다. 즉 구성적 규칙은 경기를 하는 방법을 정한 것이고, 규제적 규칙은 스포츠세계의 질서를 유지하기 위하여 정한 것이다.

스포츠 규칙은 조문으로 명확하게 기록되어 있다. 원칙적으로 새로운 행위가 행해졌거나, 새로운 사건이 발생한 다음에 개정되거나 새로운 규칙으로 정해진다. 도핑의 경우 유전자 치료를 응용한 방법을 금지하는 규정이 2003년에 추가되었다. 마법의 수영복이라고 하는 영국 스피도(Speedo)社의 레이져레이서(Lazer Racer) 수영복을 입고 세계신기록이 줄줄이 쏟아지자 착용을 금지하는 규정이 2008년에 만들어졌다.

새로운 행위나 사건과 관련해서는 조문을 개정하거나 새로운 조문을 만들어서 삽입함으로써 규칙을 명확하게 기록하려고 노력한다. 그래도 명확하지 못한 부분은 어떻게 하는가? 무법지대가 되는 것이 아니라 스포츠윤리라고 하는 규범이 작동하게 된다. 스포츠윤리의 가장 중요한 역할은 스포츠 규칙을 떠받치는 정신이다. 스포츠에 참여하는 사람들이 스포츠 규칙을 떠받치고 있는 정신 또는 기풍을 모른다면 스포츠 규칙은 규칙으로서의 기능을 상실하게 된다.

　다시 말해서 심판이 보지 않으면 아무렇지도 않게 반칙을 하고, 도핑검사에 걸리지 않는 신약이 나오면 슬그머니 복용해버리는 것이다. 또 규칙에 정해져 있더라도 벌칙이 약해서 반칙을 하고 벌을 받는 것이 규칙을 지키는 것보다 더 이익이 될 것으로 판단된다고 해서 반칙을 일삼는다면 경기가 되겠는가? 그러한 선수들이 대부분이라면 규칙이 있으면 무슨 소용이 있겠는가? 또 그같은 행위를 막으려고 규칙을 다시 추가하면 어떻게 되겠는가? 스포츠 세계의 질서가 무너져버리고, 또 다른 행위를 금지하는 규칙을 또 만들어야 하지 않겠는가?

　스포츠 세계나 일반 세계나 모두 규칙에 정해져 있는 벌칙에 의해서 질서가 유지되는 것이 아니라, 규칙을 지키려고 하는 정신에 의해서 질서가 유지되는 것이다. 법을 지키려고 하는 정신은 법으로 강제되는 것이 아니라, 도덕에 의해서 함양되는 것이다.

　법과 도덕이 자동차의 두 바퀴처럼 힘을 합하여 사회의 질서를 유지하듯이, 스포츠 규칙과 스포츠윤리가 힘을 합쳐서 스포츠 세계의 질서를 유지하여 나아가는 것이다. 만약 스포츠윤리가 없고 벌칙으로만 옳지 못한 행위를 못하게 얽어맨다면 스포츠 경기를 할 수는 없고 규칙만 외우다가 말 것이다.

　그러나 참가자들이 스포츠윤리를 이해하고 활동한다면 스포츠 규칙을 아주 조금만 정해도 자유롭게 스포츠를 즐길 수 있게 된다. 그러므로 스포츠윤리는 스포츠 참가자들이 이렇게 할까? 저렇게 할까? 망설여질 때 자율적으로 판단하는 기준이 된다.

03 스포츠윤리에서는 무엇을 문제로 하는가

윤리와 도덕은 인간관계(인륜)가 있다는 것을 전제로 존재한다. 스포츠윤리도 스포츠와 관계가 있는 사람들 사이에 파생되는 이런저런 문제들을 이해하고 해결하기 위해서 존재하는 것이다.

스포츠 대회나 이벤트에는 많은 사람들이 관계되어 있다. 선수, 코치, 심판, 관중, 협회의 임직원, 스포츠과학자 등 대단히 많은 사람들이 관여하고 있다. 특히 올림픽이나 월드컵과 같은 대형 이벤트에는 더욱 더 많은 사람들이 관여하고 있다.

사람과 사람이 관계하고 있는 곳에는 윤리 · 도덕적인 문제가 발생할 가능성이 많다. 그러므로 관계자가 많으면 많을수록 윤리와 도덕적인 문제가 더 많이 발생하기 마련이다.

여기에서는 스포츠를 경기스포츠로 한정하고, 경기장 안에서 일어날 수 있는 스포츠윤리 문제와 경기장 밖에서 일어날 수 있는 스포츠윤리 문제로 나누어서 설명하기로 한다.

경기장 내에서 일어날 수 있는 가장 일반적인 문제는 의도적인 반칙이다. 득점을 많이 해야 이길 수 있는 경기종목(축구, 농구, 야구 등)에서는 상대 팀의 득점을 방해할 목적으로 의도적으로 반칙을 하는 경우가 많다. 이 경우 구성적 규칙에 벌칙이 정해져 있으므로 일종의 전술(반칙 작전)에 해당한다고 하면서 실점 위기에 고의적으로 반칙한 사람을 오히려 칭찬하는 사람도 있다. 그것은 작전의 하나인가, 아니면 비윤리적인 행위로 비난 받아야 하는가?

의도적인 반칙을 빈번하게 하는 경기인 경우 '눈에는 눈, 이에는 이' 하는 식으로 반칙에는 반칙으로 서로 보복하는 경향이 크다. 의도적인 반칙이 많아지면 상대 팀의 선수끼리 분위기가 험악해지고 결국에는 싸움으로 번지게 된다. 그러한 분위기에서 행해지는 경기가 과연 바람직한 스포츠 경기인가는 논의할 필요조차 없다. 스포츠 경기는 전쟁이나 싸움이 아니다. 그러므로 상대 선수를 적이라고 하면 안 되고, 나와 기술을 겨루는 상대로 생각하고 존중해야 한다는 것이 스포츠윤리이다.

의도적인 반칙과 더불어서 심판의 판정 오류가 있다. 근대스포츠가 처음 시작될 때에는 제3자인 심판이 없었고, 서로 상대의 심판을 보았다. 대전하고 있는 팀 동료가 성심껏 심판을 보았고, 정확하게 판정하였기 때문에 경기를 하는 데에 아무런 문제가 없었다.

그러다가 심판을 돌아가면서 보는 데에 문제가 있다는 생각이 들어서 판정의 객관성을 확보할 목적으로 제3자를 심판으로 세우는 제도가 생겼다. 제3자인 심판도 인간이기 때문에 잘못된 판정을 내릴 수도 있다는 것을 완전히 배제할 수는 없다. 심판의 판정이 잘못되었다는 것을 사람들이 눈치 챘을 때 '일단 판정을 내린 것은 번복할 수 없다.'고 하든지, '판정을 정정해야 하겠다.'고 생각하든지는 그 심판의 양심의 문제가 된다. 판정 오류를 심판 자신만이 눈치 챘다고 하면 어떻게 되는가? 심판이 경기 결과를 좌지우지한 셈이 된 것이 아닌가?

경기의 승패가 미리 정해져 있는 것이 아니므로 경기가 공정하게 치러지는 것이 보증되어야 한다. 그러려면 가능한 한 올바른 판정이 내려져야 하고, 오심이라는 것을 알게 되면 판정을 정정해서 경기가 올바르게 진행되도록 해야 한다. 오심을 정정하는 것은 심판의 양심이지만, 실제로 정정하려면 자신의 잘못을 인정할 수 있는 용기가 필요하다.

경기장 안에서 일어나는 윤리나 도덕적인 문제가 그밖에도 많지만, 경기장 밖에서 일어나는 윤리나 도덕적인 문제에 사람들의 관심이 더 쏠리고 있다. 그 이유는 스포츠경기가 단순한 오락이나 체력훈련을 넘어서 사회적으로 아주 중요한 관심사가 되었기 때문이다.

스포츠가 사회적인 관심사가 되었다는 것은 스포츠신문뿐만 아니라 일반신문에도 스포츠 관련 기사가 많이 늘어났고, 텔레비전에서 스포츠 중계를 하는 횟수와 시간도 예전보다 많이 증가한 것을 보아도 알 수 있다.

스포츠가 인기가 있으면 있을수록 스포츠를 자신의 목적을 위해서 이용하려고 하는 사람들도 증가하게 되었다. 스포츠는 어떤 색으로든 물들일 수 있는 중립적인 것이기 때문에 어떤 목적으로든 이용해먹을 수 있고 또 이용해먹기 쉽다. 정치적이든, 경제적이든, 교육적이든 간에!

각양각색의 사람들이 자신의 목적을 위해서 스포츠를 이용해먹으면 순수했던 스포츠가 서로 반대되는 이해가 서로 얽혀 있는 난장판으로 변해버린다. 그것이 바로 국위선양, 이념선전, 상업주의, 승리 지상주의, 성희롱, 체벌 등의 문제로 나타나게 된다.

스포츠에는 내재적 가치와 외재적 가치가 있다. 내재적 가치는 스포츠를 실천하는 것 자체에서 얻어지는 달성감·쾌감·만족감 등이고, 외재적 가치는 스포츠를 실천한 결과로 얻어지는 건강·체력·돈·명예 등이다.

내재적 가치보다 외재적 가치를 우선으로 하면 여러 가지 문제점들이 생겨난다고 학자들이 지적하고 있다. 국제올림픽위원회 자크로게 위원장은 기회 있을 때마다 올림픽을 붕괴시켜버릴지도 모르는 3가지 걱정거리를 거론하였다.

첫째는 테러리스트의 문제이다. 2001년 9월 11일 세계무역센터를 목표로 한 테러는 스포츠 관계자들이 가장 크게 걱정하고 있는 문제가 되었다. 만약 올림픽 개회식에 공중 납치한 비행기를 몰고 와서 폭파해버린다면 어떻게 되겠는가? 공상영화에나 나올법한 이야기가 현실 사건으로 일어날 수도 있다는 것 아닌가?

4년에 한 번씩 열리는 올림픽경기는 가장 이용가치가 큰 대형 이벤트이기도 하지만, 반대로 스포츠를 쇠퇴시켜버리는 장소가 될 수도 있다. 테러리스트들의 공격을 예방하기 위해서 올림픽 개최 비용의 약 1/3을 경비비로 지출해야만 하는 것이 현실이다.

둘째는 도핑 문제이다. 2004년 아테네올림픽 개회식에서 IOC 위원장이 도핑 문제가 올림픽을 붕괴시킬 수도 있는 위험요소가 되었다고 경고하였다. 도핑 문제는 제2차 세계대전 이후 올림픽 관계자들 사이에 이미 문제화되어 있었다. 1968년에 도핑금지 규정을 발표한 이후에도 선수, 코치, 스포츠과학자 등이 금지규정을 피해갈 수 있는 방법을 꾸준히 연구해오고 있었다. 1988년 서울올림픽에서 일어난 벤 존슨 사건이 바로 그 증거이다.

도핑을 금지하고 있지만 '새로운 약물이나 도핑 기술의 개발 → 검출하는 기술의 개발'이라고 하는 다람쥐 쳇바퀴 도는 식의 상태가 지난 40여 년 동안 지속되어 왔다. 앞으로는 여러 가지 과학 기술 특히, 유전자공학이 스포츠에 응용될 것이 거의 확실하다.

셋째는 스포츠 도박과 승부조작 문제이다. 이 문제도 IOC 위원장이 스포츠계의 내부 붕괴로 이어질 수도 있는 아주 큰 문제라고 지적하고 있다. 선수 또는 심판이 매수되었다고 하면 이런저런 문제를 따져볼 것도 없이 스포츠의 공정성이 무너져버린다. 승부조작을 한 당사자들을 아무리 엄하게 벌하더라도 근본적인 방법이 못 된다는 것이 명백하다. 그러므로 페어플레이나 스포츠맨십으로 대응할 수는 어렵고, 새로운 규범 또는 스포츠윤리로 만들어야 할 필요가 있다.

그밖에도 성문제, 환경문제, 인종차별 문제, 동물윤리 문제 등이 스포츠윤리에서 다루어야 할 문제로 부각되고 있다.

04 누가 새로운 스포츠윤리를 만들어내는가

스포츠윤리는 개별적인 사례이기 때문에 문제의 해결방법을 보여줄 수는 없고, 스포츠세계에서 더 잘 할 목적으로 사용하는 지침만을 제시할 수 있을 뿐이다. 지침이라고 하는 것은 적용범위가 너무 넓기 때문에 어떤 문제적인 사례가 자기 자신에게 떨어지면 어떤 지침을 어떻게 활용할 것인가는 본인이 알아서 해야 한다. 그 이유는 인간은 한 사람 한 사람이 다르고 서로 다른 상황에서 사건이 일어나기 때문이다. 그러므로 인격이 사람마다 다르듯이 스포츠윤리의 문제도 사람 나름의 문제라고 할 수밖에 없다.

한편 스포츠세계는 날마다 변화하여가고 있고, 그에 따라 스포츠윤리도 날마다 변해가고 있다. 그렇기 때문에 예전에는 일반적으로 받아들여지던 스포츠윤리가 이제는 더 이상 쓸모가 없어지고, 새로운 상황에 맞는 스포츠윤리가 추가되는 경우도 있다.

예를 들어 축구경기 도중에 선수가 부상을 당하면 공을 일부러 밖으로 차낸다. 경기가 재개되면 부당 이득을 얻은 팀이 공을 일부러 상대 팀에게 넘겨주는 것을 자주 보는데, 그것을 보고 페어플레이라고 박수를 보낸다. 그러나 그러한 행위를 맨 처음에 했을 때에는 상대 팀 선수도, 심판도, 관중도 무슨 짓을 하고 있는지 이해가 안 된다고 생각했었다.

자신의 노력으로 유리한 상황을 만든 것이 아니고 불로소득으로 유리한 상황이 되었기 때문에 원래의 상황으로 되돌려서 경기를 재개하는 것이 옳다고 생각해서 그렇게 했는데, 다른 선수들이 따라서 하다 보니까 새로운 스포츠윤리로 자리매김을 하게 된 것이다.

여기에는 '상대의 입장이 되어서'라고 하는 의식이 있다. 대전하고 있는 두 팀의 선수들이 서로 승리를 목표로 경기를 하고는 있지만, '공정한 경기를 통해서 승리하는 것'이 공동의 목표가 되어버린 것이다. 만약 '경기에서 승리하는 것'만을 목표로 한다면 규칙을 어기거나 더러운 수단을 사용해서 이길 수도 있지만, 스포츠윤리에서는 적법한 승리를 최고의 가치로 여기기 때문에 공정하게 경기를 하려고 노력하는 것이다.

스포츠윤리는 규범으로써 고정적으로 존재하는 것이 아니라 경기가 1회성 이야기를 창조하듯이 스포츠윤리도 끊임없이 새롭게 창조되어 가는 것이다. 스포츠윤리는 스포츠 참가자 전체의 뜻에 의해서 더 좋은 경기를 구축할 수 있는 방향으로 꾸준히 변해가는 역사적·문화적 산물이다. 스포츠윤리가 목표로 하고 있는 좀 더 낳은 스포츠세계를 구축하려면 과거와 현재의 스포츠를 비판해서 미래의 세대에 귀중한 유산으로 넘겨주어야 한다는 막중한 책임을 스포츠 관계자들이 모두 인식해야 한다.

05 사실판단과 가치판단

도덕적 갈등을 해결하기 위해서는 올바른 판단 과정을 거쳐야 한다. 이때 사실판단과 가치판단을 구분할 필요가 있다. 사실판단은 관찰이나 과학적 혹은 역사적 탐구 등과 같이 객관적인 사실에 근거한 판단이고, 가치판단은 좋고 나쁨, 옳고 그름, 아름다움과 추함, 고귀함과 저속함 등 주관적 가치에 근거한 판단이다.

올바른 도덕적판단을 위해서는 우선 사실 판단이 필요하다. '물은 100℃

에서 끓는다.'와 같은 사실판단은 객관적 사실을 근거로 판단의 진위를 명확하게 밝힐 수 있다. 또한 사실판단은 갈등 해결의 실마리를 제공하기도 한다. 예를 들어 사형제도를 그대로 존속시킬 것인지 아니면 폐지할 것인지를 논의할 때에는 사형의 실제적인 범죄예방 효과에 대한 사실 판단이 필요하다.

가치판단은 주관적인 가치를 근거로 내리는 판단이다. 그렇기 때문에 같은 꽃을 보고서도 어떤 사람은 아름답다고 판단하고, 어떤 사람은 그렇지 않다고 판단을 내릴 수도 있다.

그렇지만 대부분의 사람들이 보편적으로 느끼거나 사고하는 가치판단이 있다. 우리들이 도덕적으로 '옳다' 또는 '그르다'라고 판단하는 것은 '사람들이 보편적으로 느끼거나 사고하는 가치 판단'에 근거를 두고 판단하는 것이다.

가치판단에는 사리 분별적인 가치판단, 미적인 가치판단, 도덕적인 가치판단 3가지가 있다. 예를 들어 '고지방 음식을 먹지 말라'는 분별적 가치판단이고, '피겨스케이팅 동작은 아름답다'는 미적인 가치판단이며, '어린 선수를 괴롭히면 안 된다'는 도덕적인 가치판단이다. '그는 좋은 사람이다.'와 같이 사람의 인품이나 행위에 대해 내리는 판단은 도덕적인 가치판단의 한 종류이다.

제3장

경쟁과 페어플레이

01 스포츠경기의 목적

① 로고스, 파토스, 에토스 ·····

고대 그리스의 철학자 아리스토텔레스는 자신의 저서 『수사학(Rhetoric)』에서 상대방을 설득하려면 3가지가 필요하다고 했는데, 그것이 바로 로고스, 파토스, 에토스이다.

로고스(logos)는 이성적 · 과학적인 것을 가리키는 것으로, 사고능력 · 이성 등의 의미를 가지고 있다. 상대방을 설득하려면 말하려는 내용이 이성적인 논리로 잘 정리되어 있어야 한다는 뜻이다.

파토스(pathos)는 로고스와 대치되는 개념으로 감각적 · 신체적 · 예술적인 것을 가리키며, 격정 · 정념 · 충동 등의 의미를 가지고 있다. 인간은 이성과 감정을 함께 가진 동물이기 때문에 논리만으로는 상대방을 설득할수 없고 상대방의 감성에 호소할 줄 알아야 하는데, 그 감성이 바로 파토스이다.

그리고 에토스(ethos)는 '성격'과 '관습'을 의미하는 옛 그리스어로 사람의 특징적인 성질이나 태도를 말하며, 흔히 성격으로 번역된다. 동일한 행동을 반복함으로써 방향성을 지닌 습관이 형성되고, 그 습관이 도덕적 행동 · 도덕적 사고 · 도덕적인 생활의 근거가 된다. 즉 에토스는 사람에게 도덕적 감정을 갖게 하는 보편적인 도덕적 요소를 말한다. 사람이 도덕적으로 옳고그름을 판단하는 원동력이 바로 에토스이고, 에토스는 사람이 태어날 때 타고 난다고 본다.

베버(Weber, M.)는 에토스를 내부로부터 어떤 행동 양식을 유발시키는 행위의 실천적 능력이라고 보았는데, 이것은 특정한 민족, 특정한 시대, 특정한 역사의 관습을 만들어내는 힘이라고 하였다.

요약하면 로고스는 이성, 파토스는 감성, 에토스는 도덕성을 의미한다. 사람이 윤리적으로나 도덕적으로 바르게 살려고 노력하는 원동력은 바로 에토스이다.

❷ 아곤과 아레테

아곤(agon)은 경쟁과 승리 추구를 의미하고, 아레테(arete)는 탁월성 추구를 의미한다. 탁월성 추구는 항상 경쟁과 승리 추구를 포함하고 있지만, 경쟁과 승리 추구는 언제나 탁월성 추구를 포함하는 것이 아니다. 따라서 스포츠에서는 아곤보다는 아레테가 더 가치가 있는 것으로 받아들여진다. 즉 스포츠 경쟁에서 승리하려고 노력하기보다는 더 탁월한 경기능력과 인품을 갖추려고 노력해야 한다는 뜻이다.

고대 그리스 시대에 탁월성을 뜻하던 아레테(arete)를 현대에는 덕(virtue)으로 번역하는 경우가 많다. 이런 경우 '덕'에는 빼어난 자질이나 능력만을 얘기하는 것이 아니라 우주의 생성원리인 도(道)를 깨닫고 실천할 수 있는 자질까지도 포함된다.

고대 그리스의 아레테는 '간청하다(araomai)'라는 동사에서 왔다고 한다. 즉 아레테는 인간이 스스로 이룰 수 있는 자질이 아니라, 어떤 실천적 상황을 해결하려고 할 때 신에게 청함으로써 가질 수 있는 능력이었다는 뜻이다. 즉 인간을 뛰어넘어 초월적인 신이 허락하지 아니하면 인간의 힘만으로는 아레테를 가질 수 없다는 뜻이다. 그러므로 아레테는 서양의 virtue보다는 동양의 덕에 더 가깝다고 할 수 있다.

고대 그리스인에게 아레테는 반드시 감사와 짝을 이루어야 하는 것이기도 했다. 아레테를 이룬 사람의 적절한 반응은 신께 감사하는 것이다. 동양의 '덕'이 반드시 '겸양'과 짝을 이루는 것과 아주 유사하다. 아레테를 이룬 후 감사하고 겸양하는 태도에는 "인간은 유한한 존재이므로 더 큰 세상의 원리에 복속해야 한다."는 세계관이 깔려 있다.

아곤(agon)과 아레테(arete)의 차이점을 요약하면 다음과 같다.

» 스포츠경기는 자유로운 경쟁을 의미하는 아곤과 덕, 탁월함, 훌륭함을 의미하는 아레테를 추구하는 것이다.

» 아곤은 경쟁하는 상대의 성과와 비교함으로써 가치가 평가되지만, 아레테는 타인과의 경쟁이나 비교가 없어도 추구할 수 있다. 즉 아곤은 일반적인 경쟁스포츠에 해당되고, 아레테는 극기 스포츠 또는 미적 스포츠에 해당된다.

» 일반적으로 스포츠에서는 아곤보다 아레테가 더 포괄적인 개념이고, 스포츠의 긍정적인 면을 더 잘 보여줄 뿐 아니라 승리 지상주의의 병폐를 막기 위해서도 아레테를 더 중시하는 경향이 있다.

02 스포츠맨십

스포츠맨십이라는 단어는 선수·코치·관객·대중매체 등의 분야에 종사하는 사람들이 우리말처럼 자주 사용하고 있다. 스포츠맨십이라는 단어가 무엇을 나타내는지 그 의미를 잘 설명할 수 없는 사람들도 스포츠맨십을 지키고 있다고 생각되는 행동은 칭찬을 하고, 스포츠맨십에 어긋난다고 생각되는 행동은 비난한다. 즉 스포츠맨십은 경기자 행동의 선악을 판정하는 규준으로 사용되고 있다.

한 가지 예를 들어보자. 야구경기에서 한 투수가 상대팀 4번 타자에게 5연타석 경원 사사구를 던진 일이 있었다. 당시에 대부분의 사람들은 그러한 행동은 스포츠맨십에 어긋나는 행동이라고 맹렬하게 비난하였지만, 일부 사람들은 훌륭한 작전이라고 하면서 그 선수를 옹호하였다. 누구의 말이 맞는가?!!!

위의 문제를 대하면서 도대체 스포츠맨십은 무엇인가? 스포츠맨십에 부합되는 행동인지 아닌지를 판단하는 기준은 무엇인가? 그 문제에 명쾌하게 대답할 수 있는 사람이 있는가? 만약 설명할 수 없다면 그러한 행동을 비난할 수도 옹호할 수도 없지 않은가? 사람들 각자가 스포츠맨십을 제멋대로 이해한다면 말다툼밖에 더 생기겠는가?

1984년 LA올림픽 유도 미들급 결승전에서 벌어진 사건을 소개하면서 스포츠맨십에 대하여 좀 더 깊게 논의하려고 한다. 당시에 결승전에서 일본 선수와 이집트 선수인 라슈완이 맞붙었다. 그런데 일본 선수가 준결승전에서 오른쪽 다리를 심하게 다쳐서 결승전에서는 거의 사용할 수 없게 되었다.

시합을 하는데 이집트 선수가 일본 선수의 다친 다리를 일부러 공격하지 않고 다른 곳만을 공격하다가 일본 선수에게 패하고 말았다. 그 경기를 본 대부분의 관중들은 패자인 라슈완 선수에게 더 많은 박수를 보내면서 칭찬하였고, 나중에 유네스코에서 라슈완 선수에게 페어플레이상을 수여하였다.

당신은 라슈완의 행동을 어떻게 평가하는가? 유네스코에서 준 페어플레이상이 올림픽 금메달보다 더 값진 것인가? 만약 라슈완이 상대 선수의 오른쪽 다리를 공격해서 금메달을 땄다면 비겁한 행동인가? 정당한 행동인가?

라슈완의 행동에 대한 반응은 다음 3가지 중 하나일 것이다.

» 상대의 약점을 공격하는 것은 비겁한 행동이고 스포츠맨십에 어긋나므로 경기에서 패하기는 했지만 아주 잘한 일이다.

» 상대의 약점을 공격하지 않고도 승리했더라면 더 좋았을 것인데, 경기에 패배해서 섭섭하다.

» 상대의 약점을 공격하는 것은 당연한 일이므로 적극적으로 오른쪽 다리를 공격해서 승리를 쟁취했어야 한다.

당신의 의견은 어떠한가? 스포츠맨십은 선수가 선수로써 마땅히 지켜야 할 행동지침을 제시하여 주는 것이므로 어느 의견이 옳은지 결론을 내야 한다. 어떤 결론을 내린다고 해서 모든 사람들이 그 결론에 동의할까?

다른 예를 하나 더 들어보자. 얼마 전에 세계적으로 히트를 친 복싱영화의 이야기이다. 영화의 내용은 세계 프로복싱 미들급 타이틀 매치가 벌어졌는데, 초반에 도전자의 왼쪽 눈두덩이 심하게 찢어져서 눈을 뜨기 어려운 상태였다. 챔피언은 상대의 다친 눈두덩을 공격하지 않고 페어플레이를 하면서 경기를 하였다. 그러다가 후반에 챔피언의 눈덩이가 찢어졌다. 도전자는 기회를 잡았다는 듯이 챔피언의 다친 눈만 계속해서 공격했다. 그 결과 챔피언이 KO 패를 당하고 도전자가 새로운 챔피언이 된다는 내용이다.

당신은 새로운 챔피언에게 '야비한 놈', '남자답지 못한 놈', '챔피언이 될 자격이 없는 놈'이라고 야유를 보낼 것인가? 아니면 상대의 약점을 노리는 것은 당연한 일이라고 두둔할 것인가?

위에서 예를 든 두 가지 사건은 모두 선수가 부상을 입은 특수한 경우이다. 만약 두 선수 모두 부상을 당하지 않은 상태이면 상대의 약점을 공격하는 것이 나쁜 것인가? 만약 그렇다면 시합이 되겠는가? 축구경기를 하는데 상대팀이 수비하기 좋은 곳으로만 공을 차거나 골문 밖으로만 슈팅을 한다면 경기가 되겠는가? 복싱경기를 하는데 상대선수가 다칠까봐 살살 때린다면 경기가 되겠는가?

시합하기 전에 상대선수를 분석하는 것은 상대의 장점과 약점을 찾아서 상대의 장점은 피하고 약점을 공격하려고 하는 것 아닌가? 반대로 모든 선수들은 자신의 약점을 상대에게 노출시키지 않으려고 노력하는 것 아닌가?

일반적으로 스포츠경기에서는 상대의 약점을 공격하는 것이 비신사적인 행동이 아니라 기본적인 경기의 요소이고, 자신이 가진 경기능력이며, 선수가 가져야 할 기본적인 태도이다. 그러므로 스포츠맨십을 이야기할 때에는 일반 도덕적으로 접근해서는 안 되고, 스포츠 철학에 근거를 두고 접근해야 한다.

앞에서 예를 든 유도선수나 복싱선수의 행동을 일반 도덕적으로 접근하면 당연히 비난받아야 할 행동이지만, 스포츠 윤리적으로 접근하면 지극히 당연한 행동이다. 일반 관객들은 스포츠 윤리적으로 접근한 것이 아니라 일반 도덕적으로 접근했기 때문에 다친 선수를 공격하는 것은 스포츠맨십에 어긋난다고 생각한 것이다. 만약 부상을 당하지 않았다면 관중들도 상대선수의 약점을 공격하는 것을 당연시했을 것이다.

다시 말하면 운동경기에서 승리를 꾀하는 것은 당연한 것이고, 승리하려면 상대방의 약점을 공격해야만 한다. 이렇게 말하면 '승리하기 위해서 무엇이든 해도 좋다는 말인가?'라고 반론하는 사람도 있을 것이다. 그것은 당연히 아니다. 규칙을 지키는 범위 안에서 상대방의 약점을 공격하는 것이 당연하다는 말이지, 규칙을 지키지 않으면서 상대방을 자기 멋대로 공격하라는 말은 아니다.

❶ 승리 추구와 탁월성 추구 ·······················

승리 추구라는 대원칙을 여러 가지 방법으로 부정하는 사람들도 있다. 그러나 그들도 "승리를 추구해서는 안 된다."고는 말하지 않는다. 승리 추구는 당연한 일이기 때문이다. 그러므로 그들이 주장하는 것은 "선수가 승리를 추구하는 것은 어쩔 수 없는 일이고, 승리만을 추구하는 것은 아니다."는 말이다.

"그렇다면 무엇을 추구하라는 말인가?" 그러한 질문에 대한 답이 여러 가지 있을 수 있다.

① 어떤 사람이 "고귀하고 명예로운 방법으로 승리를 추구해야 한다." 고 대답하였다고 하면 '고귀하고 명예로운 방법'이 무엇인가? 라고 다시 물을 수밖에 없고, 그에 대한 대답을 '상대의 아픔에 동정을 하는 것'이라고 한다면 다시 '상대를 때리고, 차고, 넘어뜨리는 격투기는 어떻게 하라는 말인가?' 격투기도 분명히 스포츠이기 때문에 더 이상 질문할 가치가 없어진다.

② 어떤 사람은 "신체적 탁월성이 선수가 지향하는 목적이고, 승리라는 것은 탁월성을 추구하는 과정에 획득되기도 하고 잃기도 하는 것일 뿐이다. 그러므로 승리 추구를 제일로 치는 것은 본말이 전도된 것이다."라고 대답할 수도 있다.

위와 같은 논리를 탁월성 이론이라고 한다.

탁월성 이론에 따르면 5연타석 경원 사사구를 던진 투수는 운동 수행 능력의 향상이나 시합 내용의 질을 좋게 하기보다 승리와 명예를 먼저 생각하였기 때문에 승리 지상주의자라는 비판을 받아야 마땅하다.

승리 지상주의를 비판하는 여러 가지 이론 중에서 탁월성 이론이 가장 많은 주목을 받는 이유는 스포츠 밖이 아니고 스포츠 안에서 승리 지상주의에 제동을 걸 수 있는 방법을 찾기 때문이다. 안이하게 스포츠 밖에서 스포츠를 비판하는 것이 아니라 스포츠 안에서 승리 지상주의를 극복할 수 있는 원리 즉, 스포츠퍼슨십을 찾아내려고 한다는 점에서 탁월성 이론의 독특성이 인정된다.

탁월성 이론은 이론적 근거를 시합의 본질에서 구하고 있다. 시합의 본질은 '최선을 다 해서 상대보다 우수하다는 것을 보여 주는 것'이다. 그렇게 생각하면 서로 '탁월성을 추구하는 것'이 아니라 서로 '퍼포먼스의 향상이나 숙달과 관계없는 전술이나 전략은 사용하지 않는다.'가 된다. 예를 들어 고의적으로 경원 사사구를 던지는 것은 분명히 규칙 위반은 아니지만 '타격 기능의 탁월성을 추구함으로써 승부를 결정짓는다.'는 야구 본래의 가치를 포기하였기 때문에 비겁한 행동이고, 스포츠맨십에 어긋나는 전술이 된다.

아하! 그렇구나! 정말 맞는 말인가? 꺼림찍한 점이 하나도 없는가?

야구에는 투수와 타자 간에 1대1로 대결하는 측면이 있기도 하지만, 팀 경기이기 때문에 팀 전체가 상대 팀보다 더 많은 득점을 하려고 경쟁하는 경기이다. 그러므로 탁월성이라고 하는 측면에서 보면 개별적인 기술도 중요하지만, 전체적으로 득점을 올리는 것과 상대 팀이 득점하지 못하도록 하는 것이 야구의 본래 목적이라고 할 수 있다.

즉 야구에서 경쟁하는 가장 기본적인 탁월성은 팀 전체의 득점능력과 상대 팀의 득점을 방해하는 능력이고, 타격기능의 탁월성이나 투구기능의 탁월성은 부분적인 구성요소에 지나지 않는다. 5연타석 경원 사사구를 던지고도 결과적으로 팀이 패했기 때문에 팀 전체의 득점능력이나 상대 팀의 득점을 방해하는 능력은 탁월하지 못한 팀이라는 것이 분명하다. 즉 승리하기 위해서 사용한 전술이 못 되었다고 할 수밖에 없지 않는가?

우리가 단순히 탁월성이라고 하지만, 경기가 지향하는 가장 기본적인 탁월성을 무엇으로 보느냐에 따라서 선수의 어떤 행동이 탁월성을 추구하는 행동이고, 어떤 행동이 탁월성 추구와 관계없는 행동이라는 판단도 달라질 수밖에 없다.

극단적으로 말하면 야구 투수는 아무리 안타를 많이 맞아도, 아무리 사사구를 많이 던져서 출루를 많이 시켜도 상대 팀이 점수만 못 나게 하면 좋은 투수가 된다. 거꾸로 말하면 아무리 타격기술이 좋아도, 아무리 출루를 많이 해도 주루 플레이에 대한 기본적인 지식과 능력이 없으면 홈까지 들어올 수가 없다. 야구에서 경쟁하는 탁월성은 타격능력, 볼을 골라내는 능력, 주루능력, 수비능력, 상황판단 능력 등을 모두 포함해서 '팀 전체의 득점능력이 어느 팀이 더 높은가?'이다.

그러므로 야구경기는 총합력을 겨루는 장이 되어야지 개개의 능력을 따로따로 겨루는 장이 되면 안 된다. 예를 들어 홈런 경쟁, 구속 경쟁, 콘트롤 경쟁, 주루 플레이 경쟁 등만 하고 있으면 아무리 잘 한다고 해도 18명이 한꺼번에 모여서 경기를 할 필요가 없게 된다.

또 한 가지 잊어서는 안 될 것이 대면 스포츠에서도 "개인적인 탁월성만을 추구할 것이 아니라 가능한 한 상대 선수가 탁월성을 발휘하지 못하도록 해야 된다."는 사실이다.

야구에서는 상대 팀이 득점하지 못하도록 치기 어려운 볼을 던지고, 가능한 한 안타가 될 수 있는 지역이 좁게 수비대형을 취한다. 테니스에서는 상대가 받기 어렵게 공을 리턴해야 하고, 복싱에서는 상대가 피할 수 없는 펀치를 날리거나 상대 선수의 펀치가 위력이 없게 만들어야 한다. 이와 같이 대면 스포츠에서는 '상대가 탁월성을 발휘하지 못하게 만드는 능력'이 필요하다. 또한 피겨스케이팅이나 스키점프와 같은 비대면 스포츠에서도 상대가 탁월성을 발휘하지 못하게 만드는 능력이 필요하다.

그러므로 탁월성이라는 말만 가지고는 비겁한 행동이나 비난받을만한 행동을 나쁜 행동이라고 단정하기 어렵다. 또한 어느 정도 비겁한 수단을 사용했다고 하더라도 비겁한 수단으로 승리했다고 말하기는 어렵다. 예를 들어 중학교 야구팀이 어느 정도 비겁한 수단을 사용한다고 해도 대학교 팀이나 프로 팀에 이길 수는 없다.

비겁한 수단이 통용되는 것은 상대가 그만큼 약하기 때문이다. 그러한 수단이 통용되지 못하게 할 정도로 강해질 수도 있지 않은가? 만약 경원 사사구를 던진 4번 타자 다음의 5, 6번 타자들이 줄줄이 더 강한 타자들이라면 경원 사사구를 던지지 않았을 것이다. 경원 사사구가 효과를 발휘했다는 것은 그 타자와 다른 타자들의 타격능력에 차이가 있었기 때문이다. 즉 상대 팀의 전력 밸런스가 맞지 않는 것을 최대한 이용한 것이다.

상대선수의 탁월성을 소멸시키는 것 자체가 비겁하다고 한다면 대면 스포츠는 비겁하지 않고는 성립되지 않는다. 그래서 대면 스포츠는 '얼마나 상대 선수의 탁월성을 소멸시킬 수 있는가?'를 겨루는 경기라고도 할 수 있다.

일반적으로 스포츠는 상대적인 능력을 겨루기 때문에 '상대의 슬픔은 나의 행복, 상대의 실패는 나의 성공'이라는 성격을 가지고 있다. 비대면 스포츠에서는 '상대선수가 실패하느냐 안 하느냐'가 상대선수가 하기 나름이지만, 대면 스포츠에서는 상대선수의 실패를 능동적으로 유도할 수 있다. 즉 상대선수의 탁월성을 소멸시키지 않고는 자신의 탁월성을 나타낼 수 없다.

탁월성 이론의 미비점은 자신의 탁월성 추구와 상대의 탁월성 소멸을 대립적으로 추구할 수밖에 없다는 것이다. 자신의 탁월성 추구와 상대의 탁월성 소멸은 겉과 속처럼 붙어 있어서 결코 따로 떼어놓을 수가 없다.

스포츠에서 비겁한 행동인가? 아닌가?, 정정당당한 행동인가? 아닌가? 의 판단은 자의적으로 할 수밖에 없다. 투수가 변화구를 던지는 것을 비겁한 행동이라고 할 수도 있고, 승부차기에 들어가기 직전에 상대선수의 다리에 일부러 태클을 들어가는 것을 훌륭한 전술이라고 할 수도 있다.

그러므로 비겁한 행동이라고 강력하게 주장하는 사람은 자신이 비겁과 정정당당을 구분하려고 그어놓은 선을 절대화하는 것과 같다. 자신이 그은 구분 선을 많은 사람들이 지지한다고 해도 그것은 비슷한 감정을 가진 사람들이 많다는 뜻이지 옳다는 것은 아니다. 학문은 다수파에 따라 좌지우지되는 것이 아니기 때문이다.

03 페어플레이

지금까지는 승리 추구가 경기자의 최고원리라는 것에 대하여 논의하였다. 그러나 거기에는 경기규칙을 준수한다는 전제 하에 그런 것이지 경기규칙을 지키지 않으면서 승리추구를 하면 경기 자체가 성립되기 어렵다. 그러나 실제로는 승리하기 위해서 경기규칙을 지키지 않는 일이 종종 일어난다. 즉 승리 추구와 규칙 준수라는 두 가지 대 원칙이 서로 충돌하는 것이다.

❶ 구성적 규칙과 파생적 규칙

경기자는 왜 경기규칙을 지켜야 하는가? 예를 들어 축구를 하는데 모든 선수들이 손으로 공을 패스하고 슈팅한다면 축구경기가 되지 않고, 복싱경기를 하는데 발로 차서 상대를 쓰러뜨린다면 복싱경기가 되지 않는다. 또 유도나 씨름경기를 할 때 주먹으로 상대를 가격한다면 유도나 씨름경기가 되지 않듯이, 어떤 규칙을 위반하면 경기 자체가 성립되지 않는 규칙이 경기종목마다 몇 개씩 있는데, 그러한 경기규칙을 구성적 규칙이라고 한다.

구성적 경기규칙을 위반한 사람은 일반적인 방법으로 경기에서 진 것이 아니라 경기 그 자체에 실패한 것이기 때문에 궁극적 패자(ultimate loser)라고 부른다. 궁극적 패자는 경기가 이루어지지 않기 때문에 절대로 경기에서 이길 수가 없다. 경기를 한다는 것과 구성적 규칙을 지킨다는 것은 불가분의 관계에 있다. 거꾸로 말하면 구성적 규칙을 지키지 않는다는 것은 경기 자체를 파괴하는 행동이다.

경기규칙을 준수하는 것이 경기자의 절대적인 의무라고 보는 것을 규칙절대주의라고 한다. 규칙절대주의의 입장에서는 규칙을 어기는 것과 경기를 하는 것은 이론적으로 양립될 수가 없다. 그러므로 승리추구의 원리는 반드시 경기규칙의 준수에 의해서 보완되지 않으면 안 된다. 규칙절대주의만으로는 불충분하다.

규칙에는 구성적 규칙만 있는 것이 아니다. 예를 들어 축구에서 상대선수에게 태클을 들어갔다고 퇴장시키지도 않고, 축구경기가 성립되지 않는 것도 아니다. 그러므로 그것은 구성적 경기규칙을 위반한 것과 다르지 않는가? 그러한 규칙을 파생적(규제적) 규칙이라고 한다.

구성적 규칙과 파생적 규칙을 구분하는 규준을 명시하려면 애당초 그

것이 어떤 경기인가? 그 경기의 본질은 무엇인가? 그 경기의 내재적 목적에는 어떤 것들이 있는가? 등을 분명히 해두어야 한다.

❷ 스포츠의 내재적 목적과 외재적 목적 ·······················

스포츠에는 여러 가지 목적들이 있을 수 있다. 예를 들어 프로선수는 수입을 올리는 것이 목적이고, 스포츠팬은 기분전환이 목적이다. 단순히 어떤 쪽이 강한지 알고 싶어서 경기에 참여하거나 관전하는 사람도 있을 수 있다.

수입을 올린다든지 기분전환을 한다든지 하는 것은 스포츠가 아니더라도 할 수 있다. 즉 수입을 올리는 것이나 기분전환을 하는 것과 스포츠는 외재적 관계이다. 다시 말해서 수입을 올리거나 기분전환이라는 외재적 목적을 달성하기 위해서 승부조작과 같은 행위를 할 수도 있다.

또한 사람을 다치지 않게 해야 한다는 스포츠의 외재적 윤리(타자 위해 원칙)를 보편적으로 실현시키기 위해서 복싱과 같은 격투기를 스포츠로 인정하지 않을 수도 있다. 한마디로 스포츠의 외재적 목적은 스포츠를 촉진시킬 수도 있고, 스포츠를 파괴할 수도 있다. 그런 의미에서는 스포츠의 외재적 목적은 스포츠에 대해서 중립적이다.

한편 누가 강한지 아는 것과 스포츠의 관계는 내재적이다. 어느 쪽이 강한지는 스포츠를 통해서만이 알 수 있기 때문이다. 그러므로 경기결과에 의해서 강함 또는 약함이 결정되는 것을 스포츠의 내재적 목적이라고 한다.

❸ 스포츠경기의 목적과 경기자의 목적 ·······························

어떤 윤리학자는 강함과 약함이 결정되는 것을 스포츠 에토스(sports ethos)라고 했다. 다시 말해서 스포츠의 내재적 목적을 스포츠에토스라고 한다. 그러나 스포츠에토스는 스포츠(경기)의 목적이지 경기자의 목적은 아니다. 그것을 분명하게 해두지 아니하면 다음과 같은 모순이 생겼을 때 곤란하다.

스포츠에는 절정체험 또는 플로체험이라는 것이 있다. 아무런 노력도 하지 않고 누가 강제로 시키지도 않았는데도 모든 것이 이루어질 수밖에 없는 것처럼 자동으로 이루어지고, 자신이 세상과 일체화 되는 특별하고도 희귀한 체험으로 신비체험과 비슷한 체험이다.

절정체험은 두 가지 의미에서 모순이 있다.

» 절정체험은 경기자의 에토스(목적)이지 경기(스포츠)의 에토스(목적)는 아니다. 우연히 얻을 수 있는 절정체험을 위해서 스포츠가 행해지고 있지는 않기 때문이다.

» 절정체험은 경기자의 외재적 목적일 수는 있지만 내재적 목적일 수는 없다. 왜냐하면 경기에 참가하지 않고 혼자 운동하고 있는 사람 또는 시합에 출전은 하지 않고 수행능력의 향상만을 위해서 운동하는 사람도 절정체험을 할 수 있기 때문이다.

경기자만이 절정체험을 할 수 있는 것은 아니다. 즉 절정체험과 경기의 관계는 외재적 관계이다. 그에 반해서 경기에 참가하지 않고는 승리할 수 없기 때문에 승리와 경기의 관계는 내재적 관계이다. 그러므로 경기자의 내재적 목적은 승리이다. 즉 절정체험은 경기자의 에토스도 스포츠의 에토스도 아니다.

구성적 규칙과 파생적 규칙을 구분하려면 '경기자의 에토스는 아니고, 경기의 에토스가 무엇인지' 알아보아야 한다. 그러한 것에는 경기의 승패에 의해서 결정되는 강함과 약함 이외에는 없다. 그렇다고 한다면 경기의 에토스를 위반하는 것 즉, 강한 것을 결정하지 못하게 만드는 것은 구성적 규칙을 위반하는 것이 되고, 그 밖의 규칙 위반은 파생적 규칙 위반이 된다.

여기에서 주의할 것은 강함을 결정하지 못하게 하는 것은 어떻게 하든 상관없이 규칙위반이 아니라는 것이다. 예를 들어 축구선수가 경기는 하지 않고 운동장에서 혼자 미쳐 날뛰면 규칙위반이 아니다. 이것은 규칙위반인가? 아닌가? 만을 가지고는 스포츠에서 선악을 판단할 수가 없는 경우도 있다는 것을 의미한다. 이런 경우에 참조해야 하는 것이 스포츠에토스이다. 다시 말해서 규칙위반이 아니더라도 스포츠에토스를 파괴하는 행위는 악한 행동이다. 구성적 규칙을 위반하는 것은 악한 행동이고, 파생적 규칙을 위반하는 것은 그냥 규칙을 위반한 것이지 악한 행동은 아니다.

❹ 페어플레이의 의미

페어플레이는 대부분의 근대 스포츠가 만들어진 18~19세기의 영국 귀족사회에서 스포츠 경기를 할 때 강조했던 스포츠 정신과 관련이 깊다. 그들은 경기 결과보다 경기하는 과정을 더 중요하게 생각하였고, 귀족다운 삶의 여유와 신사다운 격식과 봉사를 미덕으로 여겼으며 참가자들이 모두 동등한 조건에 있다는 것을 전제로 하였다.

산업혁명의 결과로 새롭게 부상하게 된 신흥 부자들이 스포츠를 즐기게 되고, 나중에는 노동시간의 단축으로 일반시민들도 시간적인 여유가 생기고, 대량생산과 대량소비와 같은 산업의 발달로 경제적인 여유까지 생기게 되어서 일반시민들도 스포츠를 즐기게 되었다.

예전에 귀족사회에서 지켜오던 스포츠 정신은 지역, 시대, 사람에 따라서 다르게 이해될 수 있다. 그러나 오늘날의 스포츠는 전 세계에서 보편적으로 시행되는 문화의 하나이기 때문에 공간과 시간을 초월하는 보편적인 스포츠윤리 면에서 스포츠 정신을 페어플레이라고 한다. 즉 스포츠라고 하는 행위를 실천할 때 누구에게나 요구되는 정신이 바로 페어플레이 정신이다.

플레이할 때 페어하게(공정하게) 해야 한다는 것이 페어플레이(공정시합)이고, 트레이드(거래)할 때 페어하게 해야 한다는 것이 페어트레이드(공정거래)이다.

앞에서 승리추구가 경기자의 목적이지만 규칙을 준수한다는 전제 조건이 성립될 때에만 그렇다고 하였다. 그런데 경기규칙을 바라보는 데에도 두 가지 견해가 있다.

하나는 경기규칙집에 명시되어 있는 것만을 경기규칙이라고 생각하는 형식주의적인 견해이다. 그리고 경기마다 규칙뿐만이 아니라 관습이라고 하는 윤리적인 면도 있으므로 관습까지도 규칙에 포함시키려고 하는 것을 비형식주의적 견해라고 한다. 다시 말해서 경기규칙만 잘 지키면 페어플레이라고 보는 사람도 있고, 경기규칙은 물론이고 관습까지도 잘 지키는 것을 페어플레이라고 보는 사람도 있다.

형식주의는 윤리적으로 비난받을 수 있는 행위라도 규칙에 없으면 그 행위를 비난할 수 없을 뿐 아니라 그러한 행위를 하지 못하게 할 수도 없다는 단점이 있다. 비형식주의는 관습의 한계가 모호하기 때문에 공정시합과 불공정시합을 구분하기 어렵다는 단점이 있다.

마지막으로 페어플레이가 되려면 스포츠 경기에 참가한 선수나 팀이 똑 같은 출발선 상에 있어야 한다. 초등학생과 대학생이 경기하는 것도 불공정 경기이고, 어느 한 쪽이 사용하는 스포츠 용기구의 성능이 월등하게 좋아도 불공정 경기이다. 금지약물을 복용하는 것도 불공정 경기에 해당되고, 관중들이 어느 한 팀을 일방적으로 응원하는 것도 엄밀하게 말하면 불공정 경기이다. 그러나 불공정의 정도를 가지고 어디까지는 불공정 경기이고, 어디까지는 불공정 경기가 아니라고 판정한다는 것도 어려운 문제이다.

⑤ 의도적인 반칙

어떤 스포츠이든 경기방법을 정해놓은 경기규칙이 있고, 경기규칙이 책으로 나와 있으므로 경기규칙집을 읽고 이해할 수밖에 없다. 그러나 경기규칙이 자주 바뀌고 제때에 등재가 되지 않기 때문에 경기규칙의 변경이나 개정을 잘 모르고 경기에 임하는 경우도 생긴다. 어쨌든 스포츠를 처음으로 시작하려면 참가자들이 규칙을 합의한 다음 완전히 이해하는 것이 전제조건이다.

일반적으로 스포츠 규칙에는 경기를 진행하는 방법을 정한 경기규정과 참가할 수 있는 조건을 적어놓은 참가규정이 있다. 그 두 가지 규칙이 지켜져야 스포츠로 존재할 수 있다.

경기규정에는 경기하면서 사용해도 되는 가능행위와 사용해서는 안 되는 금지행위가 정해져 있다. 가능행위 범위 안에서 경기기능이나 전술이 생겨난다. 금지행위는 하지 말아야 하는 행위라는 것을 알면서도 행하는 것이 의도적인 반칙이다.

의도적인 반칙을 다음과 같이 2가지로 구분할 수 있다.

» 반칙을 함으로써 기대되는 어떤 것을 얻고자 계획적이면서도 의도적
으로 반칙을 하는 경우

» 농구의 반칙작전처럼 작전의 하나로 의도적 반칙을 하는 경우

경기스포츠의 게임 도중에 의도적인 반칙을 흔히 볼 수 있기 때문에 별로 문제 삼지 않는 경우가 많지만 스포츠윤리에서는 중요한 논제가 된다. 예를 들어 축구에서 수비할 때 하는 의도적인 반칙은 경기에 꼭 필요한 것이라고 말하는 선수도 있고, 경기만은 깨끗하게 해야 한다면서 의도적으로 반칙을 해서는 안 된다는 선수도 있다.

의도적인 반칙에 대한 사람들의 견해를 정리하면 다음과 같다.

» 스포츠 규칙이라는 것이 무엇인지 이해가 부족하기 때문에 의도적인
반칙을 하는 것이다.

» 규칙 위반은 스포츠 자체를 붕괴시키는 행위이므로 절대로 해서는 안
된다.

» 규칙 위반도 경기의 일부이다.

» 규칙을 위반한 대가를 치렀으므로(벌칙을 받았으므로) 도덕적으로
아무런 문제도 없다.

이와 같은 주장 중에서 어느 것이 옳은지 분명하게 밝히기는 어렵다. 다만 할 수 있는 것은 "도덕적으로 비난받을 수 있는 행위는 안하는 것이 좋다."는 것뿐이다.

❻ 승부조작의 윤리적 문제와 해결방안 ·····························

승부조작(match fixing)은 스포츠에서 경기가 시작되기 전부터 경기 결과나 과정을 미리 결정한 뒤 이를 시행해 경기를 조작하는 것을 뜻한다. 승부조작은 스포츠에 대한 신뢰와 권위를 크게 훼손시키며, 때로는 구단의 규모 축소나 해체로 이어지기도 한다.

승부조작에는 도박과 베팅이 연루되어 있는 경우가 많지만 국가적인 규모의 승부조작의 경우 도박과 상관없이 자국의 대표 팀을 다음 라운드에 진출시키기 위해 상대팀과 짜고 승부를 조작하기도 한다.

승부조작은 경쟁적 스포츠의 가치를 근본적으로 훼손시키는 행위이고, 윤리적으로나 도덕적으로 비난받을 행위일 뿐 아니라 범죄행위이다. 승부조작은 처벌을 강화한다고 해서 근절될 수 있는 문제가 아니므로, 스포츠 관계자(선수, 코치, 심판, 경기단체 임원)들에게 스포츠윤리 교육을 철저하고, 지속적으로 하는 것을 가장 바람직한 방법으로 볼 수 있다.

제4장

스포츠와 불평등

01 성차별

① 스포츠에서 성차별의 과거와 현재

■ 스포츠에서 성차별의 원인

성차별은 성(sex)에 근거를 둔 편향적이고 부당한 태도를 의미한다. 스포츠에서 성차별은 능력 면에서 여성이 남성보다 열등하다는 신념이라고 할 수 있다.

성차별의 발생 원인은 다음과 같다.

» 기본적으로 성에 따라 스포츠 능력이 차별적으로 배분되어 있다고 생각한다.

  • 과격한 신체활동이 여성에게 생리적 측면에서 해롭다는 인식

  • 여성의 신체를 근육질화시켜서 여성 고유의 신체 이미지를 손상시킨다는 생각

» 전통사회에서 여성은 본질적으로 비공격적이며 수동적인 반면 남성은 공격적이고 능동적인 성향을 강조한다. 즉 사회의 편향된 문화적 전통에서 기인한다.

» 스포츠에 참여하는 여성은 여성스럽지 못하고 매력적이지 못하다는 생각, 스포츠활동에서 여성은 남성에 비하여 소극적·제한적 태도를 지니고 있다는 생각, 여성은 스포츠에 진정한 흥미를 느끼지 못한다는 생각 등 사회·심리학적 편견이 원인이다.

» 부모는 어린 시절부터 아들과 딸에게 각각 다른 방식으로 대화할 뿐

만 아니라 옷을 입히는 방식, 가지고 노는 장난감, 참가하도록 장려하
는 각종 활동에 이르기까지 특성한 성에 적합한 역할을 수행하도록
사회화시킨다. 즉 부모의 차별적 성역할 사회화에 기인한다.

» 학교는 초기의 가족에서 시작된 성역할의 고정관념을 강화 · 증폭시
키는 역할을 한다. 교사가 남녀 학생에게 성별에 따라 차별적 기대를
가지고 있을 뿐만 아니라 학교의 체육교육과정 자체도 성별에 따라
다르게 구성되어 있다.

» 대중매체의 보도 내용이 남성에게는 인격형성 · 태도 · 가치 등의 사회
적 의미를 부여하는 반면, 여성은 의상이나 성적 매력의 상징적 대상으
로 제한하고 있다. 즉 대중매체의 편향적 보도자세도 한 원인이다.

» 제도적으로 여성의 지위가 흑인의 지위와 유사하고, 여성 경기지도자
가 부족하고, 차별 대우를 받고 있으며, 여성 체육시설의 미비 · 운동
경기대회에 여성들의 참가기회 제한 등도 그 원인이다.

■ 스포츠에서 성차별의 역사

여성의 스포츠 참여는 특정시대의 사회 · 문화적 배경에 따라 부분적으
로 참가가 용인되었으나, 역사적으로 볼 때 대체로 억제와 차별을 받았다.
서양의 고대 사회에서 여성은 역사적 변천에 따라 부분적으로 스포츠에
참여하였다.

» 3,500여 년 전 지중해 크레타 섬의 여성들은 남자와 같이 황소타기,
투우, 전차경주 등에 직접 참여했다.

» 고대 올림픽 초기의 헤라를 위한 제전에서는 여성의 달리기경주를 개
최하였다.

» 스파르타에서는 강건한 군인을 양육하기 위한 어머니의 역할을 강조
해서 질주, 도약, 투창, 씨름 등의 신체단련과 무예를 허용하였다.

» 중세에는 기독교정신, 기사제도 확립에 따른 여성의 아름다움에 대한
동경, 출산 중 위험이 따른다는 의학적 견해 등을 반영해서 여성들의
스포츠 참여를 제한하였으나, 귀족 여성에 한해서 스케이팅과 마상시
합의 관람을 허용하고, 사냥과 승마는 직접 참가를 허용하였다.

근대 초기에는 여성스포츠 참여가 제한적이었으나, 점차적으로 증대되
었다.

» 1896년 제 1회 근대 올림픽⋯⋯쿠베르탱의 반대로 여자선수 참가 불허

» 1900 제 2회 파리 대회⋯⋯테니스 경기에 여자선수 출전 허용. 이후 피
겨스케이팅, 수영 등에 여성 참가 허용

» 1972 제 20회 뮌헨 대회⋯⋯천여 명의 여자선수들이 각 종목에 걸쳐 참
가. 각종 국제대회에 여성 참가자 수가 크게 증가하는 계기가 됨.

» 1972년에 미국에서 Title IX(남녀교육평등법안)이 통과되어 여성 스
포츠에 대한 재정적 지원과 관리방안이 마련됨으로써 여성들의 스포
츠활동 참여가 급증하게 되었다.

우리나라에서는 조선시대 이전에는 남녀관계에 대한 사회적 통념이 비
교적 엄격하지 않아 성별에 구애 받지 않고 놀이문화가 보편적으로 확산
되었다. (예) 널뛰기, 그네뛰기, 투호 등

그러나 조선시대 이후에는 남존여비의 유교사상 때문에 여성의 스포츠
참여가 철저히 제한되었다. 개화기에는 근대 학교가 설립되고, 외국의 선
교사들의 기독교사상에 힘입어서 운동회와 각종 스포츠활동에 여성의 참
가가 허용되었다.

해방 이후에는 스포츠(체육)가 학교교육의 중요한 교과목으로 등장함에 따라서 여성들의 스포츠 참여가 보편화되기 시작했다. 특히 핸드볼, 하키, 탁구, 양궁 등에서는 남성의 경기력을 능가하고 있으며, 국제무대에서 국위를 선양하고 있다.

■ 여성의 성별확인 검사제도

남성이 여성으로 출전하면 공정성에 문제가 생기기 때문에 그것을 방지하려고 1968년에 여성의 성별확인 검사제도가 도입되었으나, 검사방법의 신뢰도와 여자선수의 인권문제로 비화되었다.

남성이라고 판정을 받은 여자선수가 나중에 특이체질의 여성으로 밝혀진 사례가 발생하자 2000년 시드니올림픽 때부터 여성의 성별확인 검사를 실시하지 않기로 결정하였다.

❷ 스포츠에서 성 평등을 이루기 위한 방안

인간의 성을 생리적·신체적 특징을 지닌 선천적인 성(sex)과 주위환경에 의하여 학습되는 후천적인 성(gender)으로 구분한다고 할 때, 후천적인 성을 평등하게 한다는 것이 성 평등의 개념이다.

다음과 같은 여성 스포츠에 대한 편견을 불식시켜야 성 평등을 이룩할 수 있다.

① 과격한 스포츠활동은 생리학적 측면에서 해롭다는 편견
  • 여성의 자궁은 인체에서 가장 안전한 부분 중의 하나이다.

- 적당한 신체활동은 출산을 원활하게 하는 데 도움을 준다.
- 운동과 생리주기는 무관하다.

② 여성의 신체 이미지가 손상되지 않을까 하는 염려

- 여성은 남성에 비해 매우 낮은 수준의 남성 호르몬을 생성하기 때문에 신체활동을 통해 여성의 신체 이미지가 나빠지지 않을까 하는 것은 기우에 지나지 않는다.

③ 여성은 남성에 비해 운동 수행능력이 떨어진다는 편견

- 여성의 운동 수행능력을 남성의 잣대를 기준으로 비교한데서 나온 결과이다.
- 남성이 여성에 비해 스포츠와 접촉할 수 있는 시간적 여유가 많았다.
- 최근 들어 여성의 스포츠 참여 기회가 늘어남에 따라 각 종목에 걸쳐 남녀 간의 기록 차이가 줄어들고 있다.
- 남성의 기록을 능가하는 모습도 볼 수 있다.

④ 여성은 남성에 비해 스포츠에 대한 흥미가 적을 뿐만 아니라 스포츠활동을 수행하기에 적합하지 않다는 사회 심리학적인 측면에서의 편견

- 여성의 사회 · 심리적 특성을 제대로 파악하지 못한 데서 비롯된 결과이다.

⑤ 제도적 측면

- 여성 스포츠에 대한 제도적 차별은 사회적 인식과 스포츠 가치의 변화에 따라 완화.
- 남성의 기득권 보호 및 유지 차원에서 오랜 기간 동안 지속되어 온 편견을 타파하기 위해서는 많은 시간과 노력이 필요
- 강력한 법률적 장치를 고안해야 함.
- 여성 스포츠에 대한 여성 스스로의 자세를 새롭게 할 필요가 있음.

스포츠에서 남녀평등을 위한 운동의 전개과정

» 1970년대 제 2기 페미니즘의 등장으로 스포츠 내에서의 남녀평등을 위한 관심이 구체화되기 시작하였음.

» 1980년대 페미니즘에 대한 패러다임이 본격적으로 활성화되면서 남녀평등에 대한 토론이 각계각층에서 이루어짐.

» 1990년대 토론을 바탕으로 범국가적 차원에서 스포츠와 관련된 국제적 모임 개설, 스포츠 장면에서의 남녀평등을 위한 구체적인 방안 모색. (예) 브리튼성명서

» 스포츠 장면에서의 남녀평등을 위해서는 스포츠 관련 단체와 조직에서 여성에 대한 모든 형태의 차별을 철폐하고, 남성과 동등한 기회, 자원, 권력 등을 공평히 분배해야 함.

» 스포츠 참가를 통하여 여성의 사회참여를 저해하는 이데올로기적 장애요인을 부분적으로나마 제거하기 위해서는 여성 스스로가 경쟁적이고 규율적인 신체활동을 통하여 남성과 여성의 능력이 평등하다는 자기인식과 자신감 체득이 필요함.

1996년 영국의 브리튼에서 개최된 '제1회 여성과 스포츠에 관한 국제회의'에서 채택된 성명서 – 브리튼성명서

» 모든 여성이 쾌적한 환경에서 함께 스포츠활동에 참여할 수 있는 기회 보장.

» 여성들의 지적 능력·경험·가치판단 능력을 스포츠 발전에 기여하도록 보장.

» 여성들의 스포츠에 대한 관여가 지역사회 주민의 삶, 지역사회의 발전, 건전한 국가건설에 주된 공헌한다는 것을 인식.

» 여성 스스로 스포츠의 본질적 가치의식 함양과 아울러 스포츠가 개

인의 발전과 건강한 생활에 지대한 역할을 할 수 있음을 인식.

여성스포츠 활성화를 위한 과제
» 여성의 스포츠 교육 확대 실시
» 여성 체육 전문지도자의 지속적 양성
» 체육 조직 및 단체에서의 여성 역할 확대
» 여성 스포츠활동 프로그램 개발, 보급 및 확산
» 여성의 성 정체성과 신체에 대한 인식의 전환

❸ 성 전환 선수의 문제

국제올림픽위원회(IOC)는 앞으로 올림픽 대회를 비롯한 국제 경기대회에서 외과적인 수술을 받지 않은 성 전환자들도 선수로 출전할 수 있도록 허용해야 한다는 새 가이드라인을 2016년 1월에 발표했다.

IOC는 지금까지의 성 전환 선수 문제에 대한 과학적 사회적 법률적 태도를 완전히 바꾸어 이를 허용하도록 권장하는 정책을 채택했다고 AP통신에 밝혔다. 이러한 새 지침은 규칙이나 법이 아니라 권고안의 형식으로 마련되어 전 세계의 각종 스포츠 연맹이나 스포츠 단체에 제공되며 이들은 리우데자네이루 올림픽 경기 때부터 준수해야한다.

2003년 승인된 종전의 IOC가이드라인에 따르면 남성 또는 여성으로 성 전환한 선수들은 반드시 수술을 거쳐야 하며, 최소 2년 이상의 호르몬 치료를 받아야 출전할 수 있게 되어 있었다. 이번 새 지침으로 이제는 수술이 필요 없고 여성에서 남성으로 성 전환한 선수들은 아무런 제약 없이 남성으로 대회에 출전할 수 있다.

그러나 남성에서 여성으로 성 전환한 선수는 여성으로 출전하기 최소 1년 전 남성 호르몬인 테스토스테론 검사에서 일정 수준 이하의 수치가 나와야 출전이 가능하다.

» 남자가 여자로 성전환 수술을 하면 모든 생리적 기능이 여자가 되는 것이 아니고, 대부분의 생리적 기능은 남자에 더 가깝다. 일부의 생리적 기능과 사회적 기능이 여자일 뿐이다.

» 그런 사람이 여자로 출전하면 불공정하다는 윤리적 문제가 발생한다.

02 인종차별

❶ 스포츠에서 인종차별의 과거와 현재

스포츠에서의 인종차별은 대표적인 고질병이다. 그동안 역사적으로도 많은 인종차별 사건이 있었다. 1968년 멕시코시티 올림픽에서 '검은 장갑' 사건은 역사적인 장면 중 하나로 기록됐다. 당시 육상 남자 200m에서 금메달과 동메달을 딴 토미 스미스와 존 카를로스가 미국 내에서 만연하던 인종 차별에 대한 경종을 울리기 위해 시상식 때 국가가 울려 퍼지는 동안 고개를 숙이고 검은 장갑을 낀 오른손 주먹을 하늘로 내뻗는 동작을 취했다. 하지만 이들은 올림픽 정신을 훼손했다는 이유로 선수촌에서 쫓겨났고, IOC에서는 그들의 메달까지도 회수 했다.

스포츠계에서 인종차별 문제가 또 다시 고개를 들고 있다. 가장 세계화된 종목이라는 축구에서 2013-14시즌 스페인 프리 메라 리가 35라운드

비야레알과 원정경기에서 코너킥을 준비하던 다니엘 알베스(바르셀로나) 선수에게 한 관중이 바나나를 던졌다. 바나나 투척은 외국인 선수를 비하하는 인종차별의 메시지를 담고 있기 때문에 문제가 되었는데, 알베스는 보란 듯이 바나나를 주워 먹었다. 알베스가 인종차별에 대해 의연하게 대처하는 모습을 보여주기는 했으나 유럽축구 경기에서 인종차별의 한 단면을 드러낸 것이라고 할 수 있다.

그리고 며칠 지나지 않아 NBA에서는 LA 클리퍼스 구단주 도널드 스털링이 자신의 애인에게 "흑인과 함께 다니지 말라!"고 말하는 내용의 음성파일이 공개돼 물의를 빚었다. NBA에서는 스털링 구단주에게 영구 제명이라는 징계를 내리면서 강력하고 신속한 처벌을 내렸다.

■ 미국 스포츠에서 인종차별의 역사

인종차별의 대표적인 나라인 미국의 경우 오랜 인종차별의 역사를 가지고 있다. 과거 백인들은 스포츠에서의 유색인종의 활동을 제한해왔다. 주로 라틴계 미국인이나 흑인들, 아시아인들이 그들의 제한대상에 포함되었다고 한다. 이처럼 백인들은 인종주의에 입각하여 스포츠에서 다른 인종과 경기를 하지 않았고 제도적 측면에서 조차 백인 이외의 인종은 차별을 받아왔다.

➔ 노예시대

미국에서 흑인들은 거의 200년 동안 노예로 살아왔다. 이 시기의 노예주들은 노예들이 약간의 스포츠를 즐길 수 있도록 하였는데 이는 노예들이 폭동을 일으키거나 다른 생각을 하지 못하도록 하기 위함이었다. 또 이

시기에는 도박의 성향이 강한 스포츠를 즐기려는 경향이 많았는데 노예주
들은 자신의 노예를 훈련시켜 복싱이나 경마에 출전시킴으로서 자신들의
이익을 얻으려 하였다. 이처럼 노예시대의 흑인들은 백인들의 도박이나 즐
거움에 사용되는 도구로써 차별 받아왔다.

➜ 19세기와 20세기 중반

19세기에 들어와서부터 노해해방 선언이 있었고, 흑인들은 운동선수로
써 활동을 시작할 수 있게 되었다. 하지만 흑인들에게 있어서 단지 스포츠
에 참여할 수 있는 기회만 제공되었던 것일 뿐, 여전히 차별적인 대우는 남
아있었다.

노예해방 선언 이후에 스포츠에서 흑인들에 대한 인종차별의 예를 들
면 다음과 같다.

» 미국의 첫 헤비급 복싱 챔피언 설리번이 '나는 절대 흑인들과 싸우지
않을 것이다.'라고 하였다.

» 야구 내셔널 리그의 백인선수들이 '흑인 선수와 같이 뛸 바에는 야구
를 그만 두겠다.'고 하였다.

» 백인 투수들이 흑인 타자의 머리를 겨냥하여 공을 던졌다.

» 메이저 리그 구단주들이 1888년에 '흑인 선수를 기용하지 않겠다.'고
합의했다.

» 1882년에서 1945년 사이에 흑인 미식축구 선수 4명, 야구, 농구 흑인
선수 없음

» 이러한 차별적 대우를 받은 흑인들이 흑인들만의 경기를 만들어 40
년간 지켜왔고 그 결과로써 월드시리즈, 올스타전과 같은 큰 대회를
열어 그들만의 스포츠 영웅을 탄생시키기도 하였다.

➔ 20세기 후반

20세기 중반 이후 흑인들의 신체적 능력을 인정받기 시작하면서 스포츠 상황은 크게 변하게 되었다. 가장 먼저 눈에 띄는 변화는 스포츠에 참여하는 흑인선수의 비율의 증가이다. 1962년도에는 전체 대학 중 흑인선수의 비율이 45%, 1975년도에는 92%까지 증가하였다.

이러한 변화의 배경에는 2차 세계대전 이후 1954년에 대법원에서 교육적으로 인종차별을 금지한 것과 스포츠의 상업주의적 경향이 합쳐져서 흑인들의 스포츠시장의 진출이 극대화되었기 때문이다.

그러나 그런 중에도 흑인에 대한 인종차별이 교묘하게 이루어졌다. 예를 들어 메이저 리그에서의 수비위치를 보면 흑인선수는 주로 외야수비, 백인은 주로 내야수비에 위치한다. 이는 백인 우월사상에서 나오는 것으로 흑인들은 스피드와 빠른 반사 능력을 위주로 하는 외야수비, 백인은 빠른 판단력을 위주로 하는 내야수비에 위치 시켰다.

또 한 가지 흑인들은 은퇴 이후에 스포츠 팀 내 감독이나 코치와 같은 관리직에서 일하는 수, 혹은 스포츠 경영에 참여하는 사람의 수가 현저하게 작다는 것을 알 수 있다. 이는 백인들의 흑인들에 대한 인종차별적 태도와 연관이 있는데 흑인들은 이성적이지 못하고 다혈질적이며, 또 지성적이지 못하고 지도자로써의 이성적 판단력이 부족하다는 인식이 바탕에 깔려 있기 때문이었다.

20세기 후반에 들어 백인들의 인종차별에도 불구하고 흑인들의 뛰어난 신체적 능력을 인정받아 NBA, MLB, NFL 등과 같은 미국 정통 스포츠에서 흑인선수들의 비중이 계속해서 높아져 갔지만 여전히 인종차별은 존재하고 있었다.

❷ 다문화사회의 도래와 예상되는 갈등들 ....

스포츠에서의 인종차별은 이제 국제경기에서뿐만 아니라 국내 대회에서도 심각한 문제로 등장하고 있다. 다음은 추성훈이 K1 무대에 데뷔하기 전 유도선수 생활을 할 때 받았던 인종차별에 대한 기사이다.

(중략) 조국을 위해 피땀을 흘렸고 결국 금메달까지 따왔건만, 그에게 돌아온 것은 '너희 나라로 가라'는 무언의 압력이었다. "재일동포지만 일본에서 일본선수와 시합을 해도 경기장 안에서는 차별을 받지 않았다"는 그의 절규어린 호소는 계급, 인종, 국적, 성별을 초월하여 정당해야 하는 스포츠에도 '야누스의 두 얼굴'이 존재함을 보여준다.

결국 그는 일본으로 건너가 귀화했고, 2002년 부산아시아게임 때 일장기를 가슴에 달고 아키야마 요시히로라는 이름으로 돌아온다. 예선에서 결승까지 무난하게 올라온 아키야마는 결승전에서 한국의 안동진과 붙었고, 심판판정까지 간다. 그순간 그는 '귀화를 결심하게 했던 재일동포에 대한 편견과 차별이 불현듯 생각났다'고 한다.

'설마…', '괜찮을 거야, 정말 이번에는 괜찮을 거야. 심판들이 모두 외국인이니까'라며 1시간 같았던 발표 전 10초의 시간 동안 그는 그렇게 자신을 위안했다. 결국 2-1. 아키야마의 승리로 결정났고, 그는 순간 관중석에 있는 자신의 가족을 향해 두 손을 번쩍 치켜들며 활짝 웃었다. 그러나 그런 그에게 관중들은 박수가 아닌 야유로 답한다. 조국의 배신자라고.

당시 국내 유도계의 인종차별에 대해 알 수 있는 부분이다. 순수한 한국인이 아니라 재일교포라는 이유로 국가대표선발전에서 차별적 대우를 받은 사실을 잘 알 수 있는 내용이다.

추성훈 선수와 같은 재일교포나 중국동포 또는 탈북동포들도 차별적 대우를 느낀다고 하는데, 베트남이나 필리핀 사람이 한국 사람과 결혼한 다문화 가정은 어떻겠는가? 언어가 어눌할 수밖에 없고 문화적으로 차이가 있을 수밖에 없다. 사람의 수가 적다고 차별을 할 게 아니라 나와 다른 사람, 즉, 너 또는 남으로 대해야 할 것 아닌가?

우리나라는 오랜 역사를 거치는 동안 단일 민족으로 살아왔기 때문에 다른 민족에 대한 인식이 별로 없다는 것이 사실이다. 그러나 앞으로는 여러 민족이 함께 어울려서 살아야 한다. 중국, 인도, 미국처럼 아주 많은 민족들이 어울려 사는 나라들이 인종차별을 없애기 위해서 쏟아 붓는 노력을 우리도 잘 배워서 더 살기 좋은 나라를 만들어야 할 것이다.

❸ 스포츠에서 인종차별을 극복하기 위한 방안

인종차별 문제가 스포츠에만 국한되어 있는 것은 아니지만, 스포츠에서 일어나는 인종차별 문제는 많은 사람들이 보고, 듣고, 관심을 가지고 있기 때문에 그 파장이 매우 넓고 깊다.

인종차별을 못 하도록 아무리 강력한 처벌을 한다 해도 결국 우리 모두가 기본적인 소양을 갖추지 못한다면 인종차별 문제는 언제든지 발생할 수 있다. 그러므로 모든 종목에서 경기가 시작되기 직전에 인종차별 퇴치 캠페인을 벌여서 팬들에게 인종차별의 부당성을 인식시키고, 문화교류를 통해서 서로를 이해하려고 노력한다면 언젠가는 인종차별이 전혀 없는 성숙한 문화를 만들 수 있을 것이다.

FIFA나 UEFA와 같은 국제 스포츠단체에서는 인종차별 행위를 예방하기 위해 강력한 징계규정을 두고 있으며, 인종차별 행위를 한 관중에 대하여 경기장 출입금지 등의 징계조치를 내릴 수 있도록 규정하고 있다. 그뿐 아니라 구단의 서포터스가 인종차별 행위를 저지른 경우에 구단의 과실여부와 상관없이 해당 구단에게 징계조치를 하는 규정도 두고 있다.

이에 발맞춰 국내 스포츠단체도 인종차별 행위를 한 선수에 대해 강력히 대응하고 있지만, 인종차별 행위를 한 관중이나 소속 구단에 관한 규정은 두고 있지 않다. 인종차별 행위를 한 사람에 대해 피해자가 민사책임을 묻는 것은 당연한 일이고, 두 사람 사이에 직접적인 계약관계가 없기 때문에 불법행위에 대한 책임을 물어야 할 것이다.

■ 인종차별을 방지하기 위한 국제적 노력

1965년 12월 제20차 국제연합총회에서 인종차별철폐국제조약이 만장일치로 채택되면서 각 나라별로 인종차별 정책에 대한 비합법화가 이루어지고, 인종차별이 점점 줄어들고 있는 추세에 있다.

또 세계적 조약이나 국가 간의 노력 이외에도 각 스포츠 연맹에서 인종차별을 행정적으로 규제하기도 한다. FIFA에서는 2006년 독일월드컵을 앞두고 강력한 반인종차별 정책을 내놓았는데, 그 내용을 살펴보면 관중석에서 인종차별적 응원이 나오면 해당 국가나 팀의 승점을 감점시키는 것이었다. 처음 적발 시 3점, 두 번째 6점, 3번째 적발 시 출전금지라는 강력한 제제를 받고, 더불어 자국 리그에도 똑 같은 감점규정을 정착 할 수 있도록 권고하였다.

이러한 연맹이나 협회의 정책 이외에도 인종차별이 행해지는 스포츠 종목에 관해서 올림픽 정식종목을 채택하지 못하도록 조치를 취하고 있다. 골프는 1896년 근대올림픽이 시작된 직후인 1900년 파리올림픽에서 정식종목으로 선을 봤으나 제3회 대회인 1904년 세인트루이스올림픽을 마지막으로 올림픽 무대에서 사라졌다. 인종 차별 등이 퇴출 이유였다. 리우올림픽에서 다시 정식종목으로 부활되었다.

스포츠에서 인종차별은 매우 광범위하고 다양한 형태로 이루어지고 있었고 오랫동안 지속되어 왔지만 20세기 후반에 들어서 유색인종, 특히 흑인들이 신체적으로 뛰어나다는 것을 인정받기 시작하면서 각 스포츠 팀의 흑인선수 비중이 늘어남에 따라 인종차별이 서서히 줄어들기 시작하였다.

또 스포츠 이벤트나 각종 국제 대회에서 흑인 스포츠 선수들이 뛰어난 실력을 보이기 시작하고, 경제적, 사회적 지휘가 상승하게 되었고, 그에 따라 흑인들의 교육에 관한 기회를 넓혀 줌으로써 사회진출의 통로로 작용하게 되어서 스포츠에서 인종차별이 점차적으로 감소하고 있다.

03 장애차별

❶ 장애인의 스포츠권

우리나라에서 장애인의 스포츠권과 관련이 있는 법률적 근거를 살펴보면 장애의 유무와 상관없이 인간으로서 존엄성을 인정받고 인간답게 살 수 있는 천부적인 권리를 헌법에서 보장하고 있다. 즉 행복추구권(제10조), 평등권(제11조), 교육권(제31조), 근로권(제32조), 환경권(제33조), 생존권(제34조) 등이 헌법에 명시되어 있기 때문에 장애인도 인격과 독립성을 가진 하나의 인간으로서 완전한 사회 참여와 평등권을 보장받아야 하고, 다른 사회구성원들과 동일하게 스포츠에 참여할 수 있는 기회를 보장 받아야 한다.

이를 통해 신체적 · 정신적 재활을 도모할 뿐만 아니라, 문화생활을 향유하고, 건전한 경쟁을 통해서 자기발전과 자아개발을 할 수 있는 권리이다.

➜ 우리나라의 장애인스포츠 발달

» 1988년 서울장애인올림픽 이후부터 크게 발달하였다.

» 처음에는 보건복지부가 장애인스포츠를 담당하였으나, 나중에는 문화체육부로 이관되었다.

» 장애인복지체육회가 장애인체육을 담당하는 행정기관이다.

» 국민체육진흥법에 근거하여 대한체육회와 똑 같은 수준의 대한장애인체육회가 설립되었다.

❷ 스포츠에서 장애인 차별

최근 장애인에 대한 복지 향상과 장애 범주의 확대로 장애인 등록인구가 급격하게 증가하고 있다. 장애인 등록 인구는 224만 명(보건복지부, 2008)으로 전체 인구의 4.5%를 차지하고 있다.

문화체육관광부에서 2012년에 실시한 국민들의 생활체육 참여율 조사 결과에 의하면 장애인들의 생활체육 참여율이 10.6%로 일반 국민의 생활체육 참여율 43.2%에 비하여 현저하게 낮은 것으로 나타났다.

생활체육 활동에 참여하고 있는 장애인에 비하여 생활체육 활동에 참여하고자 하는 장애인의 비율이 훨씬 높은데도 불구하고 장애인들의 체육활동 참여율이 이렇게 낮게 나타난 것은 우리 사회 곳곳에 장애인들의 체육활동 참여를 저해하는 차별적 요소들이 많기 때문이라고 할 수밖에 없다.

다음은 체육현장에서 일어나고 있는 장애인 차별 유형 중에서 대표적인 것들을 살펴본 것이다.

❖ **체육시설 이용의 차별**······일반적으로 장애인은 비장애인에 비해 체육활동에 참여할 기회를 갖기가 어렵다. 이는 장애인이 체육시설을 이용하는데 있어서 차별을 받고 있기 때문이다. 체육시설에 장애인들이 접근하기 쉽게 접근성을 개선해야 한다는 것이 법으로 정해져 있지만 장애인은 이동수단이나 시설에 접근하는 데에 여전히 어려움을 겪고 있다.

❖ **체육용·기구의 차별**······체육활동을 할 때 사용하는 체육용·기구 역시 장애인의 특성을 전혀 고려하지 않은 상태로 비치되어 있어서 장애인의 체육시설 이용을 더욱 어렵게 하고 있다.

❖ **체육지도자의 차별**······집에 있는 장애인들을 체육활동의 현장으로 유인하기 위해서는 장애인체육 지도자가 반드시 있어야 한다. 그동안 우리나라에는 장애인체육 지도자의 국가 공인자격제도가 없었기 때문에 장애인체육 지도자의 양성과 배치가 잘 이루어지지 못하였다. 2015년부터는 장애인체육 지도자의 양성이 이루어지고 있으므로 해결될 것으로 보인다.

❖ **이용 프로그램의 차별**······현재 많은 체육시설에서 장애인의 참여를 거부해서 물의를 일으키고 있다. 참여를 거부하는 유형들을 살펴보면 '사고가 나면 누가 책임지나?', '인원이 다 찼다.'라는 등의 편견을 가지고 장애인을 차별하고 있다.

❖ **신체적·생리적 능력의 차별**······일반적으로 스포츠에서는 신체적·생리적 능력이 요구된다. 그러나 그러한 능력에 이상이 있기 때문에

장애인인 사람들에게 일반인과 같은 능력을 요구하는 것은 불평등
이다. 그러므로 나 자신도 잠재적인 장애인이라는 생각을 가지고 장
애인의 스포츠활동을 취급해야 한다.

❖ **장애인의 스포츠 참가 의의**

  • 스포츠를 통해서 신체적 · 심리적 치료의 효과를 기대할 수 있다.

  • 구성원 간의 이해와 소통의 기회를 제공한다.

  • 사회 구성원의 조화와 화합의 방법이 된다.

❖ **경기 참가의 차별**……장애인 선수의 일반 대회 참가가 사실상 금지되
  어 있고, 장애인을 위한 경기대회가 그리 많지 않아 경기 참가의 기
  회에 제약을 받는다.

③ 장애차별 없는 스포츠의 조건

스포츠에서 장애차별이 없게 한다는 것은 대부분의 장애인이 스포츠활
동에 참여하게 만들 수 있는 방안을 강구한다는 말과 같고, 장애인의 스포
츠활동을 확대하려면 스포츠에서 장애차별의 원인이 되는 것들을 제거하
면 된다.

장애차별 요인들의 개선방안은 다음과 같다.

❖ **장애인이 이용하는 데에 어려움이 없도록 공공체육시설을 리모델링한다**……
  공공체육시설을 장애에 관계없이 모든 국민이 이용할 수 있도록 개
  선하면 안전성을 확보할 수 있고, 국민의 스포츠권을 신장시키며, 사
  회복지시설로서 국민 모두의 삶의 질을 향상시키는 효과도 얻을 수
  있다.

❖ **장애인체육 지도자의 양성 및 배치**……장애인의 스포츠활동을 일반 체

육인이 지도하기 어려우므로 전문능력을 갖춘 지도자를 양성해서 배치해야 한다.

❖ **장애인 생활체육 동호인클럽 지원**⋯⋯공공체육시설에 장애인 생활체육 동호인 클럽들이 상주하며 이용할 수 있어야 한다. 대한장애인체육회를 비롯하여 시도 장애인체육회를 통하여 장애인 생활체육대회와 장애인 생활체육교실을 개최·운영할 수 있도록 지원하여야 한다.

❖ **장애인 생활체육 프로그램의 확대**⋯⋯장애인 생활체육 진흥 정책의 목표는 장애인 모두가 생활체육 활동에 참여하여 건강하고 행복한 삶을 누리도록 하는 것이다. 그러기 위해서는 장애인들의 생활체육 활동 참여를 유도할 수 있도록 다양한 생활체육 프로그램이 마련되어져야 한다. 이들 프로그램은 기존의 단순한 종목 프로그램에서 벗어나 장애유형과 장애계층의 다양한 요구 수준에 부합하는 프로그램으로 개발되어져야 한다. 또한 지역사회에서 장애인들과 일반인들이 자연스럽게 어울려서 함께할 수 있는 체육 프로그램의 개설도 중요하다. 경기방법의 수정이나 도구의 변형을 통하여 일반인과 장애인 모두를 아우르는 통합체육 프로그램을 점진적으로 확대해 나가야 한다.

➤ 장애차별 없는 스포츠의 조건

• 즐거움을 추구하는 놀이로서의 스포츠
• 경쟁과 승리가 목적이 아닌 개인의 탁월성, 유능성을 목적으로 하는 스포츠
• 공정한 조건하에서의 경쟁적 스포츠(예 ; 장애인 스포츠 경기대회)
• 체육시설의 보급과 확충

제5장

스포츠에서 환경과 동물윤리

01 스포츠와 환경윤리

① 스포츠에서 파생되는 환경윤리적인 문제들······················

　　환경문제는 지구 전체의 문제이다. 세계의 여러 나라들이 보조를 맞추어 임하지 않으면 '우주선 지구호'는 침몰할 위기에 있다. 국제 규모의 결정에는 각국의 조정이 필요하지만, 그 연장선상에는 지구상에 생존하는 우리들 한 사람 한 사람의 일상적인 실천이 환경문제와 관련되어 있다.

　　이런 의미에서 체육·스포츠의 세계가 환경문제와 어떠한 관련을 가지고 있으며, 어떻게 기여해야 하는가에 대하여 생각해볼 필요가 있다. 스포츠에서 환경문제는 지금까지의 체육이라는 좁은 틀을 넘어서 종합학술적인 문제가 될 가능성이 크다. 그런데도 지금까지의 연구는 아웃도어 스포츠의 자연환경 문제에 편향되어 있다.

■ 환경윤리란

　　응용윤리는 윤리적인 근거와 사실적인 근거를 활용하여 삶의 다양한 영역에서 발생하는 윤리적인 문제들을 해결하고자 하는 학문으로 1970년대부터 본격적으로 현실의 윤리문제를 탐구하기 시작하였다. 응용윤리는 크게 생명윤리와 환경윤리로 나눌 수 있다. 생명윤리에서는 인간 대 인간의 윤리문제가 다루어지지만, 환경윤리에서는 대상이 환경이므로 주로 인간 대 인간이 아닌 동식물(비인격체)의 윤리를 따진다.

　　환경윤리학의 정의와 목적은 다음과 같다.

» 환경윤리학은 생명의 가치와 자연물의 가치를 고양할 수 있는 환경 친화적이고 생태 지향적인 규범의 설정 및 그 가능성과 타당성을 연구하는 학문이다.

» 기존에 있던 규범적 이론과 원칙을 확대하여 동물보호 · 자연보호 · 환경보호라는 원칙을 세우고, 나아가서 올바른 환경 도덕적 의사결정을 위한 환경윤리 교육의 이론적 토대를 만드는 것이 환경윤리학의 목적이다.

스포츠와 관련된 환경문제는 기본적으로 인간이 자연을 자연의 복원력 이상으로 피폐하게 만든다는 점에서 발생한다. 예를 들어 스포츠시설이나 부대시설을 만들기 위한 토지개발, 배출가스, 쓰레기, 오물과 같은 직 · 간접적인 환경오염과 인간의 진입으로 인한 생태계에 대한 위협 등이 있다.

이것들은 주로 교외의 토지개발에 동반되는 자연파괴와 연관이 있지만, 일상 생활권 내에서도 스포츠시설의 야간조명이나 소음 · 교통체증 · 주차 등의 문제가 있다.

❷ 스포츠에 적용 가능한 환경윤리학의 이론들

환경문제를 생각하는 관점에 따라서 환경문제 해결을 위한 대책이 크게 달라질 수밖에 없다.

다음은 유명한 학자들의 환경문제에 대한 관점이다.

❖ 레오폴드(Leopold, A.)……환경문제를 해결하기 위해 고려할 점을 다음과 같이 지적하였다.

• 토지이용을 경제적 가치로만 보지 말고, 윤리적 · 미적 관점에서도

고려해야 한다.

- 야외 레크리에이션의 가치는 이용자의 숫자로 정해지는 것이 아니고, 일상의 번거로운 생활과의 구분 정도에 따라 그 가치가 오르락내리락한다.

❖ 가토 히사타케(加藤尙武)……환경문제를 생각할 때에는 다음과 같은 원칙을 지켜야 한다.

- 지구의 생태계라는 유한공간에서는 원칙적으로 모든 행위가 타인에 대한 위해일 가능성이 있으므로, 윤리적인 통제 하에 놓인다(타인 위해 가능성).

- 미래세대의 생존조건을 보증한다는 책임이 현재의 세대에게 있다(세대 간 윤리).

- 생물의 종, 생태계에 대해서는 인간이 자기의 현재 생활을 희생해서라도 보존해야 할 완전의무를 진다(보존의 완전의무). 즉 환경문제에 관해서는 자신은 모른다거나, 자기 마음대로 하거나, 자신만 좋으면 된다는 태도는 절대로 안 된다는 것이다.

❖ 요나스(Jonas, H.)……환경문제의 해결에는 종래와는 다른 책임의 개념이 필요하다. 즉 지금까지는 개인적인 책임 또는 상호적인 책임이라는 동시대적(同時代的) 책임론이었지만, 지구의 멸망까지 걱정하고 두려워한다면 공동책임·일방적 책임·세대 간 책임이라는 통시적(通時的) 책임론을 피할 수 없다.

이상의 레오폴드, 가토, 요나스의 주장을 보면 지금까지 개인을 기본단위로 한 진보주의의 사고방식으로는 환경문제의 해결은 어렵다. 따라서 공동체나 지구라는 전체를 기반으로 한 순환주의 사상에 기초하여 생각해야 된다는 것이다.

다음은 대표적인 환경윤리학 이론 두 가지에 대한 설명이다.

■ 인간중심주의

"자연은 왜 보존되어야 하는가?"하는 질문에 대하여 "인간의 삶과 건강, 행복을 위해 도구적인 가치를 지니고 있기 때문에 보존되어야 한다."고 대답하는 것을 인간중심주의 환경윤리 이론이라고 한다.

인간중심주의의 특징은 다음과 같이 요약할 수 있다.

» 인간에게만 본질적 가치를 부여하고, 인간 이외의 존재에게는 도구적인 가치만을 부여한다.

» 고대에서 근대까지의 인간중심주의에서는 자신이 속해 있는 집단의 구성원만을 인간으로 보았지만 현대의 인간중심주의에서는 전 세계인을 한 집단의 구성원으로 볼 뿐만 아니라 미래의 인간까지도 동시대(同時代)의 인간으로 본다.

» 자연파괴 · 종의 멸망 등 모든 것이 인간의 책임이고, 인간에 의해서만 해결될 수 있다고 본다.

» 스포츠는 자연 친화적인 활동이 아니라 자연 파괴적인 활동이다. 특히 골프 · 스키 · 등산과 같은 자연스포츠는 자연 파괴를 가속화시킨다.

■ 자연중심주의

"자연은 왜 보존되어야 하는가?"하는 질문에 대하여 "자연 그 자체가 고유의 가치가 있기 때문에 보존되어야 한다."고 대답하는 것을 자연중심주의 환경윤리 이론이라고 한다. 자연중심주의에서는 인간을 자연의 지배자로 보지 않고 자연만물 가운데 하나로 본다. 즉 인간과 만물은 평등한 관계이고 동반자의 관계이다.

그것을 깨닫기 위해서는 인간중심적인 억지 생각에서 벗어나 다음 4가지 규칙을 의무적으로 지켜야 한다.

❖ 비상해의 규칙……생명체를 해치지 말아야 한다.
❖ 불간섭의 규칙……생태계가 자유롭게 발전하는 데에 제한을 가하지 말아야 한다.
❖ 신뢰의 규칙……야생 동물들을 기만해서 그들의 인간에 대한 신뢰를 훼손해서는 안 된다.
❖ 보상적 정의의 규칙……공동생활의 일반적인 원칙 즉, 도덕이나 윤리 규범에 적합하게 생각하고 행동하는 것을 일반적 정의라 하고, 사회적ㆍ경제적 가치를 사회의 구성원들이 각자의 몫만큼씩 누리는 것을 분배적 정의라고 한다. 어떤 원인 때문에 분배적 정의가 실현되지 못하였으면 손해를 본 사람에게 손해에 해당되는 보상을 해 주어야 한다는 것을 보상적 정의라고 한다. 그러므로 인간과 다른 생명체 간에 정의의 균형이 깨졌을 때에는 인간이 아닌 다른 생물체가 본 손해를 보상하려고 노력해야 한다는 것이 보상적 정의의 규칙이다.

자연중심주의를 스포츠에 적용하면 비상해의 규칙에 의해서 투우ㆍ투견ㆍ경마와 같은 스포츠가 금지되는 것은 물론이고, 생명체를 식물이나 곤충까지 확대해서 보면 자연스포츠도 금지되어야 한다.

인간중심주의와 자연중심주의는 모두 정복 아니면 복종이라는 양자택일 식의 논리이므로 인간의 욕구와 자연의 욕구가 온전히 보존될 수 있는 제3의 방법을 찾아야 한다.

❸ 지속 가능한 스포츠발달을 위한 윤리적 전제 ·················

지금까지는 환경윤리에 대한 사고방식에 대하여 살펴보았다. 그렇다면 스포츠가 계속해서 발달할 수 있으려면 환경문제를 어떻게 대해야 좋을 것인가?

스포츠와 자연환경이 공존하기 위해서는 어떠한 환경윤리 의식을 가져야 할 것인가에 대하여 생각하여 보기로 하자.

❖ **스포츠참가자 중심주의에서 탈피해야 한다**······지금까지는 '스포츠를 행하는 것은 좋은 일'이라고 알려져 왔다. 거기에는 스포츠활동의 좋은 측면만이 강조되었고, 사람들을 스포츠활동에 참여하도록 강제한 측면도 있다. 그러나 스포츠과학의 발달로 스포츠의 공죄가 하나 둘 밝혀지기 시작하였으며, 다양한 가치관을 용인하는 가치상대주의적 경향 속에서 스포츠활동이 다른 활동과 비교하여 우선이라고 말할 수 없게 되었다. 즉 스포츠활동과 음악 감상 중에서 어느 것이 더 가치 있다고 서열을 매길 수가 없기 때문에 스포츠를 하지 않는 사람들에 대한 배려도 필요하다.

❖ **자연환경을 파괴하는 시설을 사용하지 않고, 건설을 반대해야 한다**······새로운 스포츠 시설을 건립할 때에는 필요성을 따져봐야 한다. 동식물을 포함한 다수에게 이익을 주는 스포츠 시설이 아니면 만들 필요가 없고, 과도하게 농약을 살포하는 골프장 같은 시설은 이용하지 않는 것이다. 사회권보다는 생활권이나 생존권이 우선되어야 하기 때문이다.

❖ **스포츠용품의 재활용화**······쓰레기를 구분하는 것은 생활상식이다. 이러한 상황 속에서 낡은 금속 배트는 쓰레기인가? 자원인가? 사용한 테니스공은 타는 것인가? 타지 않는 것인가? 를 알 수 있게 해주어

야 하고, 이와 동시에 스포츠산업계에서도 환경을 배려한 스포츠용품, 즉 재활용이 가능한 제품을 개발하려고 노력해야 한다.

❖ 스포츠교양을 몸에 익히자……스포츠를 향유하기 위해서는 다른 동식물에 대한 배려를 포함한 타인에 대한 배려가 필요하다. 앞으로는 스포츠활동에 의하여 타인에게 위해를 끼치면 스포츠활동이 제한 또는 금지될 것이므로 스포츠교양을 착실히 실현해나가야 한다. 그리고 스포츠는 돈을 내면 누구나 할 수 있다고 한다면 반드시 환경문제에 직면하게 될 것이다. 보다 좋은 스포츠문화를 후세에 넘겨주기 위해서는 스포츠교양에 대한 교육이 반드시 필요하다.

❖ 자연의 다양성을 보존해야 한다……환경오염, 무분별한 동식물의 남획, 자연스포츠의 발달 때문에 수많은 동식물이 멸종되었거나 멸종될 위기에 처해 있다. 자연의 다양성이 보존되어야만 인간과 자연의 공존이 가능하므로 자연의 다양성을 보존하기 위해서 더 많은 노력을 기울여야 한다.

02 스포츠와 동물윤리

❶ 스포츠에서의 종차별

▪ 종차별주의

자신이 속한 종은 옹호하고 다른 종은 배척하는 편견이나 왜곡된 태도를 종차별주의라 한다. 이것은 "신의 피조물 중에서 인간이 으뜸이고, 신이 인간에게 다른 동물들을 지배할 수 있는 권한을 부여했다."고 쓰여 있는 성경에서 비롯된 사상이다.

아리스토텔레스(Aristoteles)는 '동물은 인간을 위해서 존재하는 것'이라는 인식을 가졌고, 칸트는 '동물은 자의식이 없는 존재이고, 인간으로부터 직접적인 의무를 부여받지 못한 존재이기 때문에 직접적인 도덕적 지위도 없다.'고 주장하였다.

칸트(Kant, I.)가 말한 도덕적 지위에는 다음과 같은 뜻이 내포되어 있다.

» 인간은 도덕적 지위를 가지고 있기 때문에 어느 누구도 인간에게 피해를 주어서는 안 된다.

» 동식물이나 돌과 같은 무생물은 도덕적 지위가 없기 때문에 죽이든 살리든 인간이 마음대로 해도 된다.

» 그러나 인간의 소유물인 동물이나 식물(예; 강아지나 농작물)은 도덕적 지위를 가지고 있는 인간이 주인이기 때문에 보호받아야 한다.

■ 반 종차별주의

반(反) 종차별주의는 종차별을 반대하지만, 동물과 인간이 평등하다는 것은 아니다. 즉 "인간이 서로 간에 차이가 있듯이 이 세상의 모든 존재들은 저마다의 차이가 있으므로, 서로의 차이를 인정하고 그 차이에 알맞은 대우를 받아야 한다."고 주장하는 이론이다. 예를 들어 인간과 개는 능력에 차이가 있으므로 그 능력의 차이에 알맞게 이익을 배분하거나 대우를 해주어야 한다는 사상이다.

반 종차별주의는 싱어(Singer, P.)가 1970년대에 최초로 주장하였으며,

이익평등고려의 원칙을 내세웠다. 이익평등고려의 원칙이란 감각능력(쾌고 감수능력 : 쾌락과 고통을 느낄 수 있는 능력)이 있는 존재들은 이익을 배분하는 대상이 되고, 이익을 배분할 때에는 감각능력에 따라 평등하게 배분해야 한다는 것이다.

이때 중요한 것은 한 개체가 느끼는 고통의 정도이다. 예를 들어 날아가는 돌에 맞았을 때 사람과 개가 똑같은 고통을 느끼지는 않을 것이고, 사람이 고통을 더 느낀다면 당연히 사람에게 이익을 더 배분해야 된다는 것이다. 그러나 두 사람이 똑같은 고통을 느낀다면 이익(쾌락)도 당연히 동등하게 배분해야 하고, 그때 쾌락이 고통보다 반드시 더 커야한다는 것이다.

> » 쾌락과 고통을 느낄 수 있는 종은 이익을 고려해야 하고, 쾌락에 비하여 고통이 적게 해야 할 의무가 있다.
> » 개는 고통을 느낄 수 있으므로 발로 차면 안 되지만, 돌은 발로 차도 괜찮다(주인 없는 개는 발로 차도 괜찮다는 종차별주의와 다르다).

■ 스포츠에서의 종차별주의

스포츠활동은 인간이 어떤 목적을 달성하기 위해서 하는 활동이다. 그러므로 스포츠활동에 동물을 이용하는 것은 모두 종차별주의에서 비롯된 것이므로 개선해야 할 여지가 충분히 있다.

다음은 스포츠에서 동물을 이용하고 있는 예를 유형별로 분류한 것이다.

❖ **동물을 경쟁의 도구로 이용**……전쟁, 경마, 전차경주
❖ **동물과 인간의 교감**……승마, 마장마술, 장애물 비월 경기

위의 예는 모두 동물에게 고통을 주는 것이므로 개선되어야 한다. 예를 들어 선수나 사육사들에게 지속적으로 윤리교육을 강화해서 반 종차별주의 의식을 갖게 하거나, 적어도 자신이 하는 행동이 종차별주의에서 비롯된 것으로 잘못된 행동이라는 것을 인식하도록 해야 한다.

❷ 경쟁 · 유희 · 연구의 도구로 전락된 동물의 권리

앞에서 예를 들었던 스포츠에서 동물을 이용하는 것 이외에도 다음과 같은 종차별이 있다.

- ❖ 인간과 동물의 싸움……투우, 노예와 사자의 싸움
- ❖ 동물 간의 싸움……소싸움, 개싸움, 닭싸움, 말싸움
- ❖ 유희의 도구로 사용……수렵, 낚시, 서커스, 투우, 새나 물고기 기르기
- ❖ 경작이나 운반의 도구로 사용……소, 말, 사슴, 나귀
- ❖ 연구 도구로 사용……인간의 병을 치료하는 방법이나 치료약을 개발하기 위한 실험 대상으로 흰쥐, 고양이, 토끼, 돼지, 원숭이 등을 이용

■ 동물실험 윤리

흰쥐나 고양이와 같은 동물을 실험에 이용할 수밖에 없지만, 다음과 같은 3R의 원칙을 지켜야 한다.

- ❖ 대체의 원칙(Replace)……실험재료를 인간 대신에 고등동물, 고등동물 대신에 하등동물, 하등동물 대신에 식물, 식물 대신에 무생물로 대체할 것을 권장한다.

❖ 축소의 원칙(Reduce)······실험에 동원되는 동물의 숫자를 실험결과의
신뢰도를 확보할 수 있는 최소한으로 감축할 것을 권장한다.

❖ 순화의 원칙(Refinement)······실험에 동원되는 동물들에게 최대한의
복지와 도덕적 지위에 걸맞는 대우를 해 줄 것을 권장한다. 곧 희생
될 동물이더라도 살아 있는 동안은 상응한 대우를 해주어야 하고,
실험 후에 동물이 느끼는 고통을 최소화하려고 노력해야 한다.

제6장

스포츠와 폭력

01 스포츠 폭력

❶ 스포츠 고유의 공격성과 폭력성

　스포츠 폭력은 운동선수, 감독, 심판, 단체임원, 흥행주 등과 같은 스포츠 관계자나 일반인이 운동경기 또는 훈련과정 중에 스포츠와 관련하여 고의나 과실로 신체적·언어적·성적 폭력행위를 저지르는 경우를 말한다.

　우리가 일상적으로 폭력이라고 할 수 있는 형태가 스포츠 현장에서는 기술로 받아들여질 수도 있고, 스포츠의 본성이라고 할 수 있는 투쟁과 경쟁을 인간의 원초적인 욕망인 폭력성과 공격성의 표출이라고 할 수도 있기 때문에 스포츠와 폭력의 관계를 쉽게 정의내릴 수는 없다.

■ 스포츠의 공격성

　사람이나 동물을 정복하거나 경쟁에서 이기기 위하여 언어 또는 행동으로 표현되는 분노를 공격성이라 한다. 경쟁에서 승리하는 것을 목적으로 하는 스포츠에는 본질적으로 공격성이 내재되어 있다고 할 수 있다.

　스포츠에 공격성이 내재되어 있다고 해서 나쁜 것만은 아니다. 인간의 근원적인 본능의 하나인 공격본능을 자연스럽게 표출할 수 있다든지, 인간 사회에서 갈등의 원인이 될 수 있는 부정적인 에너지를 스포츠활동을 통해서 해소시킬 수 있다는 것 등은 스포츠의 공격성이 긍정적으로 작용하는 측면이다. 그러나 스포츠활동을 통해서 공격성이 더 강화될 수도 있다는 것은 스포츠의 부정적인 측면이다.

스포츠에서 공격성이 나타나는 원인을 다음과 같이 설명하기도 한다.

» 자신의 한계를 넘어서고자 하는 도전정신에서 비롯되었다.

» 자신의 탁월성을 드러내고자 하는 시도에서 비롯되었다.

» 인간의 원초적인 욕망과 살아온 환경으로부터 습득된 것이다.

■ 스포츠의 폭력성

신체적인 손상을 가져오고, 정신적·심리적인 압박을 가하는 물리적인 강제력을 폭력이라 한다. 그리고 스포츠 경기나 스포츠와 관련해서 남에게 상해를 입히거나 파괴적인 행동을 보이는 것을 스포츠폭력이라고 한다.

스포츠의 폭력성이 문제가 되는 이유는 ① 승리 지상주의 때문에 스포츠폭력이 발생하고, ② 그것이 반사회적 행위로 변질될 수 있으며, ③ 청소년들이 폭력성을 학습할 수도 있기 때문이다.

스포츠 폭력이 발생하는 원인 또는 스포츠와 폭력성의 관계를 다음과 같이 설명한다.

» 스포츠는 인간의 근원적 욕구인 폭력성을 발산하는 도구의 역할을 한다.

» 모의적인 폭력이 사회적으로 인정받는 영역이 스포츠이다.

» 스포츠에서는 자기통제를 요구하는 제도와 규범을 통해서 폭력성을 제한하고 있다.

» 아무런 생각 없이 시키는 대로 하거나, 이전에 하던 대로 하는 것이 스포츠폭력의 원인이다(악의 평범성).

» 위계질서와 같은 규율을 가장하여 권력이 생산되고, 그 권력의 행사가 폭력으로 변질된다(규율과 권력).

스포츠폭력은 다음과 같이 2가지로 구분한다.

❖ 개인적 폭력……상대방으로부터 공격을 당하거나, 좌절 때문에 분노
했을 때 충동적으로 표출되는 폭력

❖ 도구적 폭력……개인적 감정과 무관하게 팀의 승리를 위한 수단으로
행사하는 폭력

❷ 격투스포츠의 윤리적 논쟁

요즈음 성행하고 있는 이종격투기에 대하여 ① 다양한 스트레스 속에
살아가고 있는 현대인들에게 대리만족을 안겨주는 스포츠의 하나라고 하
면서 찬성하는 사람도 있고, ② 정신과 신체를 단련하는 도구로 무술을 연
마하는 것이 아니라 상대방에게 치명타를 가하는 기술을 배우려고 하는
것이므로 윤리적으로 문제가 있다고 하면서 반대하는 사람도 있다.

다음은 격투스포츠 특히, 이종격투기에 대한 윤리적 논쟁에서 찬성하
는 의견과 반대하는 의견을 정리한 것이다. 논쟁을 떠나서 허용되는 기술
과 규칙을 조직적이고 합리적인 방향으로 개선함으로써 사회에 부정적인
영향을 미치는 비윤리적인 면을 배제하여 건전한 스포츠 종목으로 자리매
김을 할 수 있도록 노력해야 할 것이다.

➔ 찬성하는 의견

» 싸움이 아니고 경기장 안에서 이루어지는 합리적인 폭력이다.

» 인간 수양의 도구로 볼 수도 있다. 인간의 공격성을 정화시키는 역할
도 한다.

» 폭력적이었던 사람을 스포츠맨으로 교화하는 역할을 수행하기도

한다.

➜ 반대하는 의견

» 청소년이 폭력적 행동에 노출되고 모방할 가능성이 있다.

» 선수뿐만 아니라 관중들의 폭력성도 증가시킬 수 있다.

» 폭력이 일반화되는 사회를 조장할 가능성이 있다.

02 선수 폭력

대한체육회에서는 선수 폭력행위를 다음과 같이 규정하고 있다.

» 선수를 구타하거나 상처를 입히는 것

» 어느 장소에 가두어두는 것

» 겁을 먹게 하는 것

» 강요하는 것

» 물건이나 돈을 빼앗는 것

» 사실이 아닌 일로 인격이나 마음에 상처를 주는 것

» 남들 앞에서 창피를 주는 것

» 계속해서 반복하여 따돌리는 것

❶ 선수들 간의 폭력

선수들 간의 폭력을 개인적 폭력과 도구적 폭력으로 나눌 수 있다는 것은 이미 설명하였다. 개인적 폭력은 경기 중에 발생한 것이더라도 과격한 폭력행위로 발전할 가능성이 크므로 당연히 스포츠에서 용납되지 않는다. 그러나 팀의 승리를 위해서 하는 도구적 폭력일 경우 '반칙도 스포츠의 일부'로 볼 것인가? 아니면 비신사적인 행동이므로 근절시켜야 할 것인가?

생각하는 관점에 따라서 합법과 비합법이 바뀔 것이므로 여기에서는 생각의 방향을 바꾸어보자. 왜 합법과 비합법이라는 2분법적으로 생각하는가? 선수 간에 서로 존중하고, 상대는 나의 적이 아니라 나와 함께 운동을 하는 친구라고 하는 기본적인 스포츠맨십을 생각한다면 도구적 폭력이 허용되는 범위를 스스로 정할 수 있지 않은가?

❷ 선수나 지도자의 심판 폭력

선수나 지도자가 심판에게 폭력을 행사하는 이유는 심판의 판정에 불만을 품었기 때문이다. 심판은 공정하게 심판을 보아야 할 의무가 있다. 대부분의 경우 공정하게 심판을 보지만 경우에 따라서 오심이 나올 수도 있다. 오심을 예방하기 위해서 노력해야 하지만 심판은 오심을 인정할 수 있는 용기가 있어야 하고, 선수나 지도자는 분노를 절제할 수 있는 능력을 길러야 한다.

비디오판독을 도입하는 종목들이 점차 증가하는 추세이므로 오심이 줄어들 것을 기대하지만 무엇보다도 중요한 것은 공정한 판단과 부드러운 이해심이다. 심판에 대한 폭력행사는 대부분 무거운 처벌을 한다. 관계자들이 한발씩 양보하면 좋은 결과를 얻을 수 있고, 설사 오심이나 편파적인 판정이라고 하더라도 관중들이 다 지켜보고 있다는 것을 잊지 말아야 한다.

❸ 일상생활에서의 선수 폭력 ···

일상생활에서 일어나는 선수폭력은 선배 선수가 후배 선수에게 가하는 폭력, 지도자가 선수에게 가하는 폭력, 성폭력 등이 대부분이다.

선배 선수가 후배 선수에게 가하는 폭력은 '팀의 전통'이라는 미명 아래에서 당연 시 되거나 합법적인 행동으로 오해하는 경우가 많고, 심지어는 세습이 되는 경우도 있다. 어떤 이유를 붙이더라도 폭력이 정당화될 수는 없으므로 선배는 후배를 사랑하고, 후배는 선배를 존경하는 마음으로 폭력행위를 근절해야 한다.

지도자가 선수에게 폭력을 행사하는 가장 큰 원인은 팀의 성적에 따라서 지도자의 거취가 결정되는 데에 있다. 지도자는 선수를 폭력적으로 독려해서라도 팀의 성적을 높이려 하고, 선수들은 지도자의 그런 지도방법을 별 수 없는 일로 받아들이거나 오히려 선수를 위하는 지도방법으로 받아들이는 데에 문제가 있다.

그러므로 학교에서는 지도자의 신분을 제도적으로 보장할 수 있는 방안을 마련해야 하고, 지도자는 승리 지상주의에서 탈피하여 선수들을 전인적으로 지도해야 한다.

마지막으로 성폭력은 성희롱, 성추행, 성폭행 등을 모두 포괄하는 개념으로 '성을 매개로 상대방의 의사에 반해 이뤄지는 모든 가해행위'를 뜻한다. 성희롱은 성적 언어나 행동 등으로 성적 굴욕감을 느끼게 하는 행위이고, 성추행은 강제추행을 뜻하며, 성폭행은 강간과 강간 미수를 의미한다.

스포츠에서 성폭력이 발생하는 가장 큰 원인은 이성인 지도자와 선수 또는 이성인 선수와 선수 간에 신체적인 접촉이 비교적 많고, 같이 지내는 시간이 길며, 불평등한 관계이기 때문에 자신의 의사를 잘 표현하지 못하는 것이다.

스포츠에서 성폭력이 발생하지 않도록 세심한 주의와 배려가 필요하고, 성폭력을 당한 경우 혼자 고민하지 말고 빨리 주변에 알린 다음 치료를 받아야 한다.

03 관중폭력

❶ 관중폭력이 발생하는 원인

현대사회와 스포츠는 불가분의 관계이다. 그만큼 우리 생활의 여러 분야에 스포츠가 깊숙하게 자리 잡고 있으면서 영향을 미치고 있다. 스포츠 경기를 관람하려고 모인 팬들이 무리를 지어 다니며 상대편 선수나 팬들을 언어적 또는 물리적으로 공격하는 것을 관중폭력이라 한다. 이때 경기장 근처의 기물을 파괴하는 등 심각한 사회문제를 일으키는 경우도 있다.

관중폭력이 발생하는 원인은 다음과 같다.

» 한 개인이 군중의 일원이 되었을 때 군중의 지배적인 분위기와 익명성을 빌미로 공격적이고 파괴적인 행동을 하기 쉽게 된다. 그것을 패거리 짓기 성향이라고 하는 학자도 있다.

» 군중 속에서는 개별성과 책임성이 없어지기 때문이다.
» 선수들의 폭력이 관중들의 동조의식을 불러일으켜 관중들의 난동으로 발전하는 경우도 많다.
» 선수 간에 또는 반대편을 응원하는 관중 간에 신체접촉이 일어나기 쉬운 환경에서 관중폭력이 자주 발생한다.
» 자기가 응원하는 팀이 무조건적으로 이기기를 바라기 때문에 생긴다.

❷ 관중폭력의 예방

위의 원인 외에도 여러 가지 원인 때문에 관중폭력이 발생할 수 있다. 이러한 관중폭력을 예방하기 위해서는 다음과 같은 노력이 필요하다.
» 관중도 스포츠 참가자의 일부이기 때문에 스포츠맨십을 준수할 의무가 있다는 것을 알아야 한다.
» 스포츠 팀들은 자기 팀을 응원하는 관중들에게 건전한 응원문화를 정착시켜야 할 의무가 있다.
» 관중폭력이 발생하지 않도록 제도를 개선할 필요가 있다.

❸ 훌리거니즘

훌리건(Hooligan)이란 말은 19세기 말 영국 런던의 밤거리를 주름잡았던 아일랜드인 폭력배 패트릭 훌리건에서 유래되었다. 잠시 잊혔던 그 이름은 실업자가 증가한 1980년대부터 다시 사람들의 입에 오르내리기 시작했다. 갈 곳이 없는 실업자들은 축구장으로 몰려가서 경기가 끝날 때마다 경제난과 빈부격차를 해소하지 못한 집권 보수당을 비판했다. 흥분한 사람들은 난동을 부리고 집단 난투극을 벌였다. 이제 훌리건은 축구장의 난동꾼들을 일컫는 대명사가 되었다.

훌리건은 평소처럼 응원하며 관중석 속에 파묻혀 있다가 사소한 충돌만 있으면 언제든 패싸움을 벌인다. 훌리건 중에서 잉글랜드, 네덜란드, 이탈리아, 러시아의 훌리건이 악명이 높다. 특히 러시아의 훌리건들은 조직적으로 움직이고, 검거되지 않기 위해 언제나 피신동선을 확보하며, 붙잡힐 땐 무기를 들고 덤비기 때문에 가장 악명이 높아서 서유럽 팀들은 대륙별 대회에서 러시아 팀을 만나면 선수보다 관중 때문에 공포에 떤다.

그래서 유럽축구선수권대회에서는 훌리건이 난동을 벌이면 그 나라 대표 팀의 출전권을 박탈하는 제도가 생겼다.

제7장

경기력 향상과 공정성

01 도핑

❶ 도핑의 의미

도핑(doping)은 남아프리카 공화국의 한 부족의 전사들이 전투나 사냥을 할 때 사기를 높이기 위해 술이나 음료수를 마시던 것에서 유래되었다. 고대 그리스나 로마에서도 경기에 이기기 위하여 술 또는 약을 먹었다는 기록이 있다. 근대 올림픽의 초기에 선수들이 헤로인이나 코카인을 섭취한 다음에 경기를 한 것도 도핑에 해당된다.

스포츠에서 도핑문제가 본격적으로 대두되기 시작한 것은 1, 2차 세계대전 중에 테스토스테론이라고 하는 남성호르몬을 주사하면 체중이 증가하고 체력이 향상된다는 것이 알려지고 나서 부터이다.

그 후 구 소련과 동구 선수들에게서 테스토스테론을 투여한 부작용이 나타나면서부터 금지해야 한다는 주장이 나오기 시작하였고, 1968년 멕시코시티에서 거행된 국제올림픽위원회에서 반 도핑 활동을 전개하기로 결정하였다.

1999년에는 도핑 전담기구인 세계반도핑기구(WADA)가 창설되기에 이르렀고, "수행능력을 향상시킬 목적으로 선수나 동물에게 약물을 투여하거나 특수한 이학적 처치를 하는 것"을 도핑이라고 정의하였다.

WADA에서는 금지약물을 상시 금지약물, 경기기간 중 금지약물, 특정 스포츠 금지약물로 구분하고 있다. 상시 금지약물은 경기와 관계없이 먹어서는 안 되는 약물로, 치료목적으로 먹더라도 WADA의 승인을 받아야 한다. 경기기간 중 금지약물은 경기기간 동안에만 안 먹으면 된다. 또 세계양궁협회에서 알코올을 금지약물로 정한 것처럼 특정스포츠 종목에서만 금지약물로 지정한 경우도 있다.

❷ 도핑을 금지하는 이유 ··

1968년 멕시코시티 올림픽 대회에서 도핑이 금지된 이후 도핑 문제가 사라지기는커녕 점점 위반 또는 의혹이 빈번해지고 있다.

도핑 문제의 해결을 어렵게 만드는 상황을 두 가지만 들어보자.

<u>첫째는 도핑 금지라는 규칙을 지키려는 마음보다는 "걸리지만 않으면 된다."는 사고방식이 있다.</u> 즉 일반적으로 양성이면 도핑을 한 선수이고, 음성이면 도핑을 하지 않은 선수라고 이해하기 쉽지만, 실제로는 그렇지 않다. 정확하게 말하면 도핑을 하더라도 검사기기의 정밀도나 판정기준을 넘지만 않으면 음성이 된다.

이미 알고 있듯이 경기 중에 공공연히 이루어지는 규칙 위반이나 위반에 가까운 플레이는 프로페셔널 파울이라고 해서 묵인되거나 때로는 칭찬받는 경우도 있다. 즉 심판에게 발각되지 않게 규칙위반을 하거나, 규칙위반과 합법적인 플레이의 경계선에서 이루어지는 플레이는 OK라는 상황을 도핑에 적용하는 것이다. 그럴 경우에 도핑금지법에 위반된다고 생각할 수도 있고, 위반이 아니라고 생각할 수도 있기 때문에 도핑 문제의 해결을 어렵게 만드는 것이다.

<u>둘째는 도핑이 나쁜 것을 알면서도 자신이 한다면 그것은 인정해야 하는 것 아닌가 하는 사고방식이 있다.</u> 즉 좋고 나쁨을 떠나서 자신의 일은 자신이 결정하게 하면 되는 것이라는 자기결정권의 사고방식으로 도핑 문제를 생각하는 것이다.

밀(Mill, J. S.)이 『자유론』에서 자기결정권을 행사하기 위해서는 반드시 필요하다고 명시한 5가지 조건에 대하여 생각하여보기로 하자. ① 판단력이 있는 어른이, ② 자신의 생명·신체·재산에 관한 것을 결정할 때에, ③ 타인에게 위해를 끼치지 않는 행위이면, ④ 다른 사람들이 그 행위가 어리석은 행위라고 생각하더라도, ⑤ 자신이 결정하였으므로 존중해주어야 한다는 것을 분명히 해두면 앞으로 도핑을 금지해야 하는 이유를 설명할 때 명확한 판단근거로 활용할 수 있을 것이다.

여러 학자들이 도핑을 금지해야 하는 이유로 다음 4가지를 들고 있고, 위에서 도핑 문제의 해결을 어렵게 만드는 이유 2가지를 들었다. 모두 합해서 6가지 이유에 대하여 생각하여 보기로 하자.

▶ 표 7-1   도핑을 금지해야 하는 이유와 근거

금지해야 하는 이유	자기결정의 조건
걸리지만 않으면 된다.	타인에게 위해를 끼치지 않는 행위가 아니다.
자기결정권의 문제이므로 인정해야 한다.	미래의 후손들에게 깨끗한 자연환경을 물려주기 위해서 자연을 보호해야 하듯이 현재의 나에게는 미래의 나에 대한 결정권이 없다.
공정성이 훼손된다.	도핑을 하지 않은 선수가 손해를 본다.
건강상의 부작용이 나타난다.	미래의 나에 대한 결정권이 없다.
코치나 감독 등의 강요에 못이겨서 할 수도 있다.	자기결정권을 행사할 수 있는 자격이 없다.
자신이 우상으로 삼고 있는 선수의 행동을 따라서 할 수도 있다.	우상이었던 선수가 잘못되면 다른 사람인 나에게 위해를 끼친다.

❸ 효과적인 도핑금지 방안 ⋯⋯⋯⋯⋯⋯⋯⋯⋯⋯⋯⋯⋯⋯⋯⋯⋯

앞에서 도핑을 금지해야 하는 이유를 설명하였지만, 그럼에도 불구하고 도핑을 피해갈 수 있는 방법을 계속해서 연구·시도되고 있다.

도핑을 적발하는 기술보다는 새로운 도핑기술이 더 빠르게 발전되고 있기 때문에 도핑을 완전히 못하게 하려면 다음과 같은 여러 가지 노력들이 체계적으로 이루어져야 한다.

❖ **윤리·도덕교육의 강화**⋯⋯도핑 문제뿐 아니라 스포츠맨십이나 페어플레이 등 스포츠와 관련된 문제들을 해결하는 가장 근본적인 방법은 윤리·도덕교육을 강화해서 선수와 지도자들이 스스로 비윤리적인 행동을 하지 않게 하는 것이다. 그리고 윤리교육은 1, 2회의 집중적인 교육보다는 지속적인 교육이 더 효과가 좋으므로 지속적으로 실시해야 한다.

❖ **도핑검사의 강화**⋯⋯과속 단속을 하는 CCTV 앞에서는 자동차의 속도를 줄이고, 방범용 CCTV나 사람들이 있는 곳에서는 일탈행동을 하지 않는다. 마찬가지로 도핑검사를 강화하면 선수들이 적발될 것을 두려워해서 도핑을 덜하게 될 것이다. 그리고 도핑검사의 강화에는 검사의 정밀도와 신뢰도를 높이는 것도 반드시 포함되어야 한다.

❖ **적발 시 강력한 처벌**⋯⋯도핑검사에 적발되더라도 처벌이 경미하면 누가 도핑을 하지 않겠는가? 처벌이 강력하면 강력할수록 도핑검사를 강화하는 것과 똑 같은 효과를 얻을 수 있다. 적발 시 강력한 처벌과 함께 도핑의 금지범위를 확대해야 할 필요도 있다.

02 유전자조작

① 스포츠에서 유전자조작의 현황

치료목적 이외의 목적으로 세포나 유전자를 이용하거나 유전자를 조작하여 운동능력의 향상을 기대하는 행위를 유전자 도핑이라 한다. 유전자 도핑은 유전자 치료법을 악용하는 것이다. 가장 대표적인 유전자 도핑 방법은 적혈구 수를 증가시켜서 신체능력을 향상시키는 것이다.

에리트로포이에틴(EPO)이라는 호르몬을 만드는 DNA를 몸속에 넣으면 적혈구 수를 증가시켜 산소운반능력이 향상됨으로써 운동 수행능력이 좋아진다고 한다. 그런데 현재의 약물 도핑검사로는 발견하기 어렵다. 이외에도 유전자 변형을 통해서 근력을 강화하는 실험도 성공하였기 때문에 WADA에서는 유전자 도핑을 했다고 명확하게 밝혀진 사례가 아직은 없지만, 유전자 도핑을 금지목록에 포함시키고 있다.

유전자 도핑과 비슷하게 브레인 도핑이라는 새로운 방식도 있다. 브레인 도핑은 헤드폰처럼 생긴 장비를 착용하고 뇌에 전기자극을 주어서 운동능력을 향상시키는 것이다. 사이클 선수들을 대상으로 실험한 결과 브레인 도핑을 한 선수들의 성적이 더 좋게 나타났다는 연구 결과가 있다.

브레인 도핑은 아직 WADA의 금지목록에 포함되어 있지는 않지만, 추후에 금지될 수 있는 도핑방법 중의 하나로 추정된다.

❷ 유전자조작을 반대하는 이유 ··

스포츠에서 유전자조작을 반대하는 이유를 간추리면 다음과 같다.

❖ 안전성이 검증되지 않았다⋯⋯유전자조작을 한 식물이나 동물을 식용으로 사용하는 나라가 몇몇 있지만, 인간의 유전자를 조작했을 때 어떤 문제가 발생할는지 아무도 모른다. 그런 상태에서 유전자조작을 해서 운동 수행능력을 향상시키려고 하면 인류에게 어떤 재앙이 닥칠지 알 수 없다. 즉 유전자조작으로 사망하거나 다른 질병이 생길 수도 있다.

❖ 인간의 존엄성을 침해한다⋯⋯인간의 유전자를 조작할 수 있도록 허용한다면 '빨리 달릴 수 있는 인간', '기억력이 좋은 인간', '힘이 센 인간' 등을 주문 생산할 수 있게 된다. 주문 생산된 인간은 주문 생산된 자동차와 무엇이 다른가?

❖ 종의 정체성에 혼란을 야기한다⋯⋯예를 들어 힘이 센 인간을 만들기 위해서 코끼리나 고래의 유전자 중 일부를 인간에게 주입시켰다고 하자. 그러면 인간인가? 동물인가? 종의 정체성이 모호해진다.

❖ 스포츠의 의미가 없어진다⋯⋯스포츠는 경쟁에서 이기기 위해서 끊임없이 노력한 결과로 경쟁자보다 우월하다는 것을 나타내는 데에 의의가 있다. 그런데 유전자조작을 통해서 태어날 때부터 빨리 달릴 수 있는 능력이 있는 인간이 있다고 하면 달리기 경기가 무슨 필요가 있겠는가? 경쟁의 의미가 없어진다.

03 스포츠와 과학기술

❶ 스포츠에서 과학기술의 역할 ·······················

　과거의 스포츠와 현대 스포츠의 가장 큰 차이점은 무엇일까? 과거에는 스포츠를 주먹구구식으로 하였다고 한다면, 현대에는 과학적으로 한다는 것이 가장 큰 차이점일 것이다.

　과거에 선수들이 연습하던 것과 요즈음 선수들이 트레이닝하는 것을 비교하면 대단히 큰 차이가 있다. 과거에는 연습상대와 연습게임을 하거나 체력단련을 하는 것이 연습의 거의 전부였다. 그러나 요즈음은 여러 가지 과학장비를 이용해서 트레이닝을 하고, 혼자 체력단련을 하더라도 과학적으로 연구한 결과를 이용해서 가장 효율적이라고 생각되는 방법으로 한다.

　과거에는 체조나 유도 연습을 할 때 안전 매트가 없어서 많은 부상을 당했고, 오늘날의 미식축구나 아이스하키 같은 경기를 옛날에 하였다고 하면 부상자를 처치하느라고 경기 진행이 잘 안 되었을 것이다.

　마쉬케(Maschke : 2009)는 스포츠에서 이용되는 과학기술을 안전을 위한 기술, 감시를 위한 기술, 수행능력 향상을 위한 기술로 분류하였다. 그밖에 분류하는 방법이 많지만, 여기에서는 편의상 마쉬케의 방법에 따라 분류한 다음, 그 대표적인 과학기술을 간단하게 설명하기로 한다.

➔ 안전을 위한 기술
　❖ 매트 류⋯⋯체조, 유도, 높이뛰기 등의 종목에서 부상을 방지한다.

❖ 신발 류……각종 스파이크나 운동화는 선수들이 빠르게 방향전환을
할 때 발목이나 무릎의 부상을 방지한다.

❖ 모자 류……모자나 안전모는 머리의 부상을 예방한다.

❖ 호구 류……각종 보호복과 글러브 등은 해당 신체부위를 보호한다.

➜ 감시를 위한 기술

❖ 시간계측 장비……각종 기록경기에서 시간(기록)을 정화하게 측정
한다.

❖ 사진판독……시간계측 장비의 미비점(육안으로 확인이 안 되는 점)
을 보완해준다.

❖ 도핑검사 장비……금지약물을 검출한다.

➜ 수행능력 향상을 위한 기술

❖ 디스크 자전거……자전거 바퀴살의 공기저항을 감소시킨다.

❖ 전신수영복……물과 피부 사이의 마찰력을 줄인다. 착용 금지되었다.

❖ 섬유유리 장대……장대높이뛰기를 할 때 봉의 탄력을 증가시켜서 더
높이 뛰어오를 수 있게 되었다.

❖ 탄소봉 창……대나무창일 때에는 기록이 60미터 정도였던 것이 80
미터 이상으로 향상되자 창의 길이를 바꾸어버렸다.

❖ 골프공……골프공에 딤플을 만들자 비거리가 약 30미터 향상되었다.

② 스포츠와 과학기술의 결합에서 생기는 윤리문제 ⋯⋯⋯⋯⋯⋯

앞 절에서 예를 든 것은 스포츠에서 과학기술이 이용되는 전체에 비하

면 극히 일부분이다. 그런데 설명에 나온 것 중에서 상당 부분은 우리나라에서 만들 수 없는 것들이라는 데에 문제가 있다.

우리나라의 과학기술이 후진국에 속하지 않는데도 스포츠용품을 제대로 못 만드는데, 후진국에서는 하나도 만들 수 없을 것이다. 만약 만들더라도 품질이 떨어질게 뻔하다. 그런데 잘 만드는 선진국에서 그것을 팔지 않는다고 하면 어떻게 되겠는가?

우리나라 국가대표 선수들이 사용하는 스포츠 용품 중에 국산이 몇 퍼센트나 되는가? 미국산이나 일본산이 국산보다 더 많지 않은가? 하다 못해서 라켓이나 공까지도 외국산을 사용하고 있는 것이 현실이다.

이와 같은 국가와 국가 사이의 과학기술의 차이 때문에 스포츠에서 발생할 수도 있는 윤리적인 문제를 정리하면 다음과 같다.

❖ **스포츠가 첨단기술의 경연장으로 변질될 수도 있다**……유리섬유로 만든 장대를 가진 선수와 대나무로 만든 장대를 가진 선수가 경기를 한다면 장대높이뛰기 경기를 하는 것이 아니라 과학기술 경기를 하는 것이 되어버린다.

❖ **스포츠에서 기록의 가치를 떨어뜨린다**……전신수영복의 착용을 금지한 이유는 무엇 때문일까? 모든 나라 선수들이 다 같이 전신수영복을 착용하고 경기를 한다면 불공정한 것이 아니지 않는가? 전신수영복을 착용했을 때 나오는 기록은 선수의 노력에 의해서 얻어진 기록이 아니고 과학기술 때문에 얻어진 기록이다. 그러므로 그 기록은 수영의 기록으로는 가치가 별로 없다.

❖ **노력이라는 정신적 가치를 소홀히 할 수도 있다**……요트 바닥에 왁스를 칠하면 마찰력이 적어져서 배가 빨리 나갈 수 있다는 것이 알려지지 않았다고 가정하자. 한 선수에게 어떤 과학자가 배 바닥에 왁스를 칠하면 배가 빨리 나간다는 것을 가르쳐주었다면 그 선수는 열심히

훈련하지 않더라도 우승할 것이다. 그렇게 되면 열심히 노력한 선수로 보아서는 노력해보아야 아무 소용이 없는 것 아닌가!

❖ 공정성 또는 형평성에 문제가 있다.

❸ 의족장애선수의 일반 경기 참가

2011년 대구세계육상선수권대회에 남아프리카공화국의 오스카 피스토리우스 선수가 의족을 달고 100m 경주를 하였다. 대부분의 사람들은 피스토리우스 선수의 노력과 용기를 칭찬하였지만, 육상연맹 관계자들은 그 선수가 입상할까봐 걱정을 했다고 한다. 왜 그랬을까?

피스토리우스 선수가 우승했다고 가정하여 보자. 다른 선수가 피스토리우스 선수가 의족을 달았다는 것을 문제 삼아서 피스토리우스 선수의 실격을 주장한다면 어떻게 되겠는가?

의족이 정상적인 다리보다 불편하기 때문에 문제가 안 된다? 만약 의족에 모터를 달았다면 어떤가? 바로 맨 마지막 질문 때문에 피스토리우스 선수는 당연히 실격처리되어야 하는 것이다.

스포츠에서 과학기술을 이용하는 것을 탓할 수는 없지만 공정성에 문제가 조금이라도 있으면 그 과학기술을 스포츠에 이용하면 아니 된다. 여기에서 공정성에 문제가 있다는 것은 그 스포츠에서 서로 "경쟁하는 본질적인 요소에 영향을 미치느냐? 미치지 않느냐?"를 말하는 것이다. 그러나 이것도 명확한 한계가 되지 못한다는 지적이 있다.

제8장

스포츠와 인권

01 학생선수의 인권

❶ 인권 사각지대인 학교 운동부 ·······························

우리나라의 학교운동부는 일제 강점기 때에는 기독교계통의 사립학교를 중심으로 '민족의 정기를 기르고 일제에 항거하는 수단'으로 있다. 그리고 박정희 정권 때에는 '우리나라를 해외에 알릴 수 있는 가장 효과적인 방법은 학생들을 어려서부터 체계적으로 운동을 시켜서 국제경기에서 매달을 따는 방법뿐'이라는 판단 아래에 각급 학교에 운동부 설립을 장려한 결과로 생긴 것이다.

자연히 학교운동부는 승리 지상주의와 결과주의를 지향할 수밖에 없었다. 승리하기 위해서는 강도 높은 훈련이 필요했기 때문에 지도자의 강압적이면서 폭력적인 지도를 당연한 것으로 받아들이게 되었다. 학생선수들은 승리라고 하는 공동의 목적을 달성하기 위해서는 개인의 사사로운 것은 양보해야 한다는 논리에 짓눌려서 '인권(人權)'의 '인'자도 꺼내지 못하였다.

학생선수들은 아침부터 밤늦게까지 오로지 훈련만 하였다. 그 결과 자연히 자신의 집주소도 제대로 못쓰는 저학력자가 되는 것은 물론이고, 또래의 친구들과 정상적으로 사귈 수 있는 기회마저 잃게 되어 인간관계의 형성에도 지장을 받게 되었다.

정부에서는 학생선수들을 구제한다는 미명 아래 체육특기생제도와 동일계 진학제도라는 미봉책을 만들었다. 그러한 제도 덕분에 지도자가 학생선수들의 생사여탈권을 가진 '제왕적 지도자'로 군림할 수 있게 되었다. 그에 따라서 지도자의 폭력과 성폭력, 입시비리, 승부조작, 선후배 간의 폭력과 성폭력 등이 빈발하게 되었다. 그 결과 학교운동부는 인권의 사각지대로 전락되어버렸다.

다음은 학교운동부에서 야기되는 학생선수의 인권문제들을 정리한 것이다.

» 학생선수들은 선배와 지도자의 폭력과 성폭력에 쉽게 노출되어 있다.
» 팀의 승리를 위한 도구로 사용되고 있다.
» 운동에만 전념하도록 강요받고 있다(학습권 상실).
» 부상을 당하더라도 고통을 무릅쓰고 운동을 지속해야 한다.
» 운동과정에서 주체성을 잃고 자율성을 억압당하고 있다.
» 상급학교, 실업팀, 프로팀 등에 판매하기 위한 상품으로 이용되고 있다.

❷ 학생선수의 생활권과 학습권

우리나라의 학교운동부 선수들은 대부분이 기숙사 또는 합숙소에서 침식을 하면서 운동을 한다. 심한 경우에는 초등학교에서 대학 졸업할 때까지 합숙소 생활만 한 선수도 있다.

합숙소에서 생활하는 선수들은 대부분이 한 달에 1~2회의 외출만 허용되고, 나머지는 강제로 합숙소에서 생활해야 한다. 그러면 자율적으로 생활을 하지 못하기 때문에 생활권 문제가 생기고, 성폭력에 노출될 가능성이 커진다.

우리나라는 엘리트 선수를 육성할 목적으로 학교운동부를 두었기 때문에 초등학교에서부터 대학교까지 학생선수들을 집중적으로 훈련시켜왔다. 자연히 학생선수들은 거의(전혀) 공부하지 않고 운동만 할 수밖에 없었기 때문에 학습권 문제가 발생하게 되었다.

학생선수의 학습권이 보장되어야 하는 이유는 다음과 같다.

» 운동만 하고 일반 과목의 공부를 하지 않으면 또래들이 갖추어야 할 교양 또는 상식이 부족하게 된다. 예를 들어 고등학생이 한자로 자기 집 주소도 못쓰고, 곱하기 나누기도 제대로 못할 수도 있다. 다시 말해서 운동 이외에는 아무것도 못하는 학생으로 전락할 가능성이 크다.

» 학생선수가 운동으로 성공할 수 있는 확률은 고등고시에 합격하는 것보다 더 낮다. 다시 말해서 학생선수는 언제인가는 운동선수가 아닌 다른 직업을 가진 사람으로 살아야 한다. 그런데도 학교에 다니는 동안 운동 이외에는 아무것도 배운 것이 없다면 직업을 선택하기 어려워진다.

» 학교운동부에서 운동을 할 때에는 거의 다 지도자의 지시에 따라서 움직이게 된다. 그렇게 지시대로만 하면서 자라면 자신의 의견이나 생각은 없고, 윗사람이 하라는 대로 무조건 하는 소극적이고 맹목적인 추종자가 되기 십상이다. 맹목적인 추종자는 이 세상에 도움이 되기보다는 해악을 끼칠 가능성이 크다.

그러므로 학생선수들도 일반학생들과 똑같이 공부할 수 있는 학습권이 보장되어야 한다. 박근혜 정부에 들어와서 학생선수들의 학습권 보장문제를 해결하기 위한 방안으로 제시된 것들이 방과 후 운동, 정규수업 이수, 운동시간의 제한, 출전횟수 제한, 합숙기간 축소, 최저학력제, 주말리그제 등이다.

■ 최저학력제도

최저학력제도는 학생선수의 성적이 같은 학교, 같은 학년 전체평균의 일정 수준에 도달하지 못하면 저학력 학생으로 간주하여 학교장이 출전을 정지시키고, 특별 학습을 시킴으로써 최소한의 학력에 도달하게 만드는 것을 목적으로 도입된 제도이다.

» 최저학력제도를 시행하는 대상 과목은 초등학교와 중학교는 국어, 영어, 수학, 과학, 사회 5과목이고, 고등학교는 국어, 영어, 수학 3과목이다.

» 최저학력 도달 수준은 초등학교는 50%, 중학교는 40%, 고등학교는 30%이다.

최저학력 제도를 시행하는 목적은 다음과 같다.

» 운동만 하는 학생선수에서 공부도 하는 학생으로 변화시키자는 것이다.

» 학생선수들에게 다양한 진로를 선택할 수 있는 기회를 제공하기 위한 것이다.

» 중도탈락이나 은퇴 후에 사회에 적응할 수 있는 필요한 기초적인 교양을 갖추게 하려는 것이다.

한편 현행 최저학력 제도의 문제점은 다음과 같다.

» 최저학력 도달 수준이 지나치게 낮게 책정되었다.

» 학생선수들은 공부해야 한다는 것을 인정하면서도 공부를 두려워한다.

» 지도자들은 훈련부족으로 경기성적이 나오지 않을 것을 걱정하여 최저학력제도 시행에 소극적이다.

» 학부모들은 자신의 아이가 운동선수로 성공하는 것을 방해하는 나쁜

제도로 인식하고 있다.

» 선배들은 공부해야 된다고 적극적으로 찬성하지만, 실효적인 지배력이 없다.

■ 주말리그제

학생선수들이 평소에 운동만 하지 말고 공부도 하면서 운동도 하자는 것이 최저학력제도라면, 시합하려고 먼 곳까지 가서 며칠씩 있다가 오지 말고 가까운 지역에 있는 학교 운동부들끼리 주말에 모여서 리그 경기를 꾸준히 하면 경기 경험도 늘이고 학생선수들의 기량도 향상시킬 수 있다는 것이 주말리그제도를 도입한 취지이다.

취지는 그럴듯하지만 가까운 지역 안에 같은 종목의 학교운동부가 상당수 있지 않으면 도입할 수 없는 제도이다. 우리나라의 경우 그동안 1 교 1 기 제도라고 해서 학교마다 한 가지 운동부를 두는 것을 권장해왔지만, 예산과 지도자의 부족 때문에 유명무실하게 운영되어 왔다.

그러다보니 가까운 지역에 같은 종목의 학교운동부가 거의 없다. 예를 들어 중학교 야구부가 있는 학교가 1개 도 전체를 뒤져봐도 3개 이내이다. 3개 학교 야구부가 주말에 리그경기를 한다고 해봐야 매주 같은 팀끼리 경기할 수밖에 더 있겠는가?

거기에 더해서 같은 중학교 야구부라고 하더라도 한 팀은 전국대회에서 우승을 다투는 팀이고, 다른 팀은 시 대회에 겨우 출전하는 실력이라고 하면 시합을 한다고 해서 도움이 되겠는가?

❸ 체육특기자의 진학과 입시제도의 문제 ·······················

체육특기자제도는 박정희 정권에서 엘리트 선수를 육성할 수 있는 기반을 마련할 목적으로 만든 제도이다. 즉 초등학교에서 중·고등학교, 대학교를 거쳐서 군대 또는 기업에 이르기까지 운동을 계속할 수 있도록 하려고 입학시험을 보지 않고도 상급학교에 진학할 수 있는 장치를 마련한 제도이다.

처음에는 체육특기자는 아무 학과나 특별전형 형태로 입학할 수 있었다. 그 후 형평성과 전공에 맞지 않는다는 비판이 일자 체육계열 학과에만 진학할 수 있게 수정한 것이 동일계 진학제도이다.

체육을 전공하는 학생들에게 특혜를 주는 제도인 것 같지만, 오히려 체육을 전공하는 학생은 공부 못하는 학생이라는 등식이 성립할 수 있도록 하는 제도로서 다음과 같은 문제점이 있다.

❖ 입시비리가 생길 수 있게 만든다……운동을 잘 하는 엘리트 선수가 운동을 계속할 수 있게 하려는 취지였다. 그런데 실제로는 돈이나 권력이 있는 사람의 자녀를 운동선수로 둔갑시켜 좋은 학교에 진학시킬 수도 있고, 코치나 감독의 환심만 사면 운동을 잘 못하더라도 진학할 수 있다.

❖ 다른 학생들이 진학할 수 있는 기회를 박탈한다……체육특기자가 아무 학과나 마음대로 선택할 수 있었던 시절에는 공대나 법대를 졸업한 학생이 자기가 하던 스포츠 종목 이외에는 아무것도 할 줄 모른다는 단점이 있었다. 또 동일계만 진학할 수 있는 제도에서는 '특정종목의 스포츠가 체육이냐?'하는 문제와 함께 일반 학생이 체육과에 진학하는 것을 가로막는 결과가 나온다.

❖ 공부 못하는 학생은 체육과 학생이다……운동만 하면 상급학교에 진학할 수 있으므로 학교에서 일반과목의 수업을 받아야 할 이유가 없다. 일반과목의 수업을 받는 것은 오히려 자신의 진학을 방해하는 것으로 인식하게 만들었다.

그러므로 체육특기자제도는 다음과 같은 방향으로 개선되어야 한다.

❖ 체육특기생으로 선발될 수 있는 자격을 개선해야 한다……현재는 경기실적만으로 선발하고, 성적도 개인성적은 배제하고 팀 성적만을 반영한다. 그러다보니 일반과목을 공부할 필요가 없고, 자신은 운동을 잘 못하더라도 팀의 성적만 좋으면 되기 때문에 '끼워 팔기'가 성행하고, 코치나 감독이 제왕적인 권리를 행사할 수 있는 것이다.

❖ 체육특기생의 선정을 투명하게 할 수 있어야 한다……현재는 경기성적 증명서를 해당 경기단체에서 발급받아서 제출하면 된다. 학교 또는 지방자치단체와 같은 곳에 '체육특기생 선발위원회'와 같은 기관을 두어서 특기생 선발을 투명하게 해야 한다.

❖ 학교성적과 수업일수를 반영해야 한다……현행 최저학력제도만으로는 '공부도 하면서 운동하는 학생'을 만들 뿐이지 '공부하면서 운동도 하는 학생'을 만들지는 못한다. 즉 운동선수 학생은 공부하는 것이 우선이지 운동하는 것이 우선이 아니다. 앞과 뒤가 바뀌어서 운동하는 것이 우선이 되면 아니 된다. 경기 참가나 훈련을 핑계로 수업에 불참하는 것이 운동부 선수들의 특권처럼 여겨지고 있다. 수업에 참가해야 하는데, 부득이한 사정으로 수업에 빠지게 되었다는 인식을 심어주어야 한다.

02 스포츠지도자 윤리

❶ 지도자에 의한 폭력이 가능한 이유

스포츠지도자 특히 학교운동부의 감독이 선수들에게 폭력을 휘두를 수 있는 이유는 한마디로 지도자가 무소불위의 권력을 가지고 있기 때문이다.

학교운동부의 감독들이 갖고 있는 특권을 구체적으로 나열하면 다음과 같다.

» 팀과 관련된 모든 것을 결정할 수 있는 결정권자이다.
» 팀의 전략과 전술을 지휘하는 최고의 위치에 있다.
» 선수들의 진로와 연봉에 영향력을 미칠 수 있다.
» 감사나 통제를 받지 않는다.
» 경기 출전권을 가지고 있다.

위와 같은 이유 때문에 지도자가 폭력을 휘두를 수 있지만, 그것을 방지할 수 있는 방법은 다음과 같다.

» 지도자의 인식을 바꾸는 것이다. 지도자는 선수들을 관리하고 통제하는 사람이 아니라 선수들에게 전문적인 지식과 기술을 전수하고, 선수 개개인이 개성과 창의성을 발휘할 수 있도록 돕는 사람이라는 인식을 가져야 한다.
» 학교 운동부 감독의 권한과 권위를 견제할 있는 장치를 마련하는 것이다. 체육위원회 같은 기관을 두고, 거기에서 출전 선수 선발과 진학 등을 다루도록 해서 운동부 감독의 권한을 분산시켜야 한다.

❷ 폭력과 성폭력의 문제 ···

　체육계의 지속 가능한 개혁을 목표로 문화체육관광부가 2015년 초에 다음과 같은 스포츠계의 고질적인 4대 악습을 지목하고, 이 악습의 척결에 총력을 집중할 것이라고 발표하였다.

» 승부 조작 및 편파 판정
» 폭력 및 성폭력
» 입시 비리
» 조직의 사유화

　스포츠계의 4대 악습 중에서 폭력 또는 성폭력은 "① 운동선수 · 감독 · 심판 · 단체임원 · 흥행주 등 스포츠관계인이나 관중 등 일반인이 단독 또는 합동으로, ② 운동경기나 훈련 과정 중에, ③ 고의나 과실로, ④ 신체적 · 언어적 · 성적 폭력행위를 저지르는 것"이라고 정의한다.

　스포츠계의 폭력이나 성폭력은 선수를 지도한다는 미명 아래에 지도자들에 의해서 공공연하게 자행되는 경우도 많고, 내 자식을 때려서라도 잘 가르쳐달라고 하는 학부모들의 태도가 스포츠 폭력을 부추기고 있다.

　이와 같은 폭력에는 다음과 같은 공통적 특징이 있다.

» 계속적이다.
» 상호적이다.
» 동일성이 있다.
» 폭력이 폭력을 낳는다.
» 정당화하려고 한다.

선수에게 폭력을 행사하는 것을 예방하기 위한 방법은 다음과 같다.

» 맞아야 성적을 낼 수 있다는 잘못된 인식을 고쳐야 한다. 스포츠의 특성상 체벌을 가해야 정신을 차린다고 하는 지도자와 부모의 생각을 뜯어 고쳐야 하고, 매 맞는 것을 당연시하는 선수들의 관행도 하루 속히 고쳐야 한다.

» 지도자의 자격제도를 강화하고, 지도자의 신분을 보장해주어야 한다. 지도자가 선수에게 폭력을 행사하는 가장 근본적인 이유는 승리를 해야 지도자의 신분이 보장되기 때문이다. 승리 지상주의 사고방식은 선수, 학부모, 지도자 모두에게 악영향을 미치고, 스포츠맨십에도 어긋난다.

» 스포츠인권센터와 같은 제도를 잘 활용해야 한다. 선수들의 인권을 보호하기 위해서 만든 제도를 당사자들이 이용하지 아니하면 제도가 있으나마나 해진다.

스포츠계에서 일어나는 성폭력은 조직의 특성상 매우 은밀하게 발생하고, 그 형태도 지도자와 선수 사이, 선배와 후배 사이, 동료 사이 등 다양하다. 이와 같은 스포츠계의 성폭력을 예방하기 위해서는 선수와 지도자 모두를 대상으로 성폭력에 관한 교육을 지속적으로 해야 한다. 성폭력에 대한 교육을 통해서 성을 인지할 수 있는 능력을 향상시키고, 성폭력이 일어날 경우 저항이나 내부고발을 할 수 있는 분위기를 마련해야 한다.

성폭력의 피해는 비교적 오래 지속되고, 당사자뿐만 아니라 부모나 동료에게까지 미치므로 성폭력의 가해자는 끝까지 추적해서 퇴출하는 등의 강력한 처벌이 필요하다.

❸ 교육자로서의 책임과 권한 ·······································

　　학교운동부의 지도자는 스포츠조련사가 아니라 학생을 가르치는 교육자이다. 다시 말해서 학생선수들에게 운동만 가르쳐서는 안 되고, 학생이 훌륭한 인격체로 자랄 수 있도록 도움을 주는 교사로서의 역할이 대단히 중요하다. 교사이기 때문에 학생선수들의 인권·학습권·생활권 등을 보장할 수 있는 다양한 대책을 마련해야 한다.

　　학교운동부 지도자에게는 다음과 같은 책임과 권한이 있다.

» 승리 지상주의에 빠져들어서 학생선수들을 승리하기 위한 도구로 이용해서는 안 된다. 반드시 학생들의 미래를 위해서 도움이 되는 방향으로 학생선수들을 이끌어야 한다.

» 교육을 빙자해서 신체적이거나 언어적으로 폭력을 휘둘러서는 안 된다. 학생도 하나의 인격체라는 것을 명심해서 학생을 존중하고 인격적으로 대우해야 한다.

» 선수들이 민주적으로 의사를 결정할 수 있도록 배려해야 한다. 지도자라는 우월적인 지위를 이용해서 자기 마음대로 의사결정을 해버리면 안 된다. 가급적이면 많은 의사결정에 학생들을 참여시키려고 노력해야 한다.

03 스포츠와 인성교육

❶ 어린이 운동선수를 보호하기 위한 방안

어린이들은 자기의 의사에 의해서 학원을 가거나 운동을 하는 것이 아니라 부모님이 시키는 대로 하는 것이다. 그러므로 어린이 운동선수는 자기가 하고 싶어서 운동을 하는 것이 아니다. 그러므로 부모는 자식이라고 자기 마음대로 해서는 안 되고 '혹시 내가 아동학대를 하는 것은 아닌지?' 되돌아보아야 한다.

어린이에게 스포츠를 지도하는 지도자와 부모는 어린이 운동선수를 보호하기 위해서 반드시 다음과 같은 노력을 해야 한다.

» 어린이 운동선수는 선수이기 전에 어린이라는 것을 항상 머릿속으로 생각해야 한다. 어린이는 성장발달이 운동하는 것보다 더 중요하다. 그러므로 성장발달에 지장을 초래할 정도로 무리하게 운동을 시키면 안 된다.

» 어린이 운동선수가 커서 운동선수로 성공할 확률은 높지 않다. 그러므로 어린이 운동선수에게 경기에서 승리하는 것을 강조해서는 안 된다. 경기에서 지더라도 기초기술과 기초체력 위주로 훈련시켜야 한다.

» 어린이 운동선수에게는 장차 일생 동안 운동을 생활화할 수 있는 기반을 마련해주는 것이 더 중요하다. 스포츠 자체의 즐거움과 재미를 알아야 나중에 커서도 운동을 즐길 수 있다.

» 어린이 운동선수를 공부는 안 시키고 운동만 시키면 온전한 인간으

로 자랄 수가 없다. 그러므로 반드시 공부와 운동을 병행해서 시켜야 한다.

» 어린이 운동선수가 잘못한다고 체벌을 가하면 안 된다. 매를 맞고 자라면 나중에 폭력을 행사하는 사람으로 자란다. 절대로 때리지 말고 타일러야 한다. 영 못하면 별 수 없는 것이지 왜 그것을 강요하는가? 한 가지 못한다고 어린이가 자라지 않는가?

❷ 학교체육의 인성 교육적 가치

인성(人性)은 사람 인(人)에 성품 성(性)을 합한 단어이므로 인간의 성품 즉, 그 사람의 성질과 품격을 의미한다. 인간의 마음은 지적인 요소(知), 정의적인 요소(情), 행위적인 요소(義)로 구성되어 있다고 보고, 품격은 사람 된 모습을 뜻한다.

그러므로 인성교육이란 지 · 정 · 의를 조화롭게 발달시키는 교육, 자아를 실현시키는 교육, 남과 함께 더불어 살아가는 도덕교육이라고 할 수 있다.

인성의 덕목은 다음과 같다.

» 기본적인 습관(규칙적인 생활, 정리정돈, 청결위생, 물자절약)

» 자아확립(정체성, 정직, 근면, 성실, 자주)

» 공동체 의식(질서, 협동, 준법, 타인존중, 책임, 봉사, 정의, 孝, 忠) 등을 들 수 있다.

흔히 '인성이 좋다.'는 '성격이 좋다.'라는 말로 쓰이지만 인성=성격은 아니다. 성격 하나가 그 사람의 인성을 다 대변할 수는 없기 때문이다. 그렇다면 '인성이 좋고 나쁘고'를 가르는 기준은 무엇인가?

　　자신한테 잘해주면 '저 사람 착하구나! 또는 인성이 좋구나!'라고 느끼고, 잘해주지 않거나 피해를 주면 '저 사람 인성은 쓰레기다.' 하는 식으로 잘 알지도 못하면서 극단적으로 판단해버린다. 즉 인성을 판단하는 기준에는 객관성이 없다.

　　학교에서 체육을 가르치는 효과가 무엇인지 물어보면 흔히 정서발달, 인지발달, 사회성과 도덕성의 발달에 도움이 된다고 대답한다. 그런데 이 내용이 그대로 인성교육의 첫 번째 항목에 똑같이 들어 있다. 즉 체육교육의 가치는 바로 인성을 교육시키는 데에 있다.

　　다음은 학교체육의 인성 교육적 가치를 간추린 것이다.
　　» 스포츠활동은 부정적인 정서를 감소시키고 긍정적인 정서를 증진시킨다.
　　» 타인에 대한 정서적 공감능력을 향상시킨다.
　　» 집중력과 주의력 등 지적기능 발달의 토대가 된다.
　　» 창의적인 사고기술과 비판적 판단능력을 향상시킨다.
　　» 일탈을 방지하고 친사회적인 행동 및 생활기술을 향상시킨다.
　　» 스포츠맨십과 페어플레이 정신을 통해서 사회성과 도덕성을 함양시킨다.

❸ 새로운 학교문화를 위한 스포츠의 역할

　　학교교육의 목적을 지식의 습득이 전부라고 말하는 사람은 하나도 없다. 즉 학교교육은 상급학교에 진학하기 위해서 입시준비를 하는 것이 아니라 이웃과 더불어 잘 살아갈 수 있는 사람으로 기르는 것이다.

그러므로 학교교육에서 가장 우선시되어야 할 것이 인성교육이다. 그런데 앞 절에서 말했듯이 인성교육을 하는 데에는 체육 또는 스포츠 교육이 가장 효과적이라고 하였으므로 새로운 학교문화를 발전시키기 위하여 스포츠가 큰 역할을 할 수 있을 것이다.

요사이 학생들 사이에 친구를 왕따시키고, 신체적 폭력 또는 언어폭력이 자주 발생해서 학교뿐만 아니라 사회문제로 비화되고 있다. 학교폭력 문제를 해결하는 데에 가장 효과적인 방법도 체육 또는 스포츠 교육이다. 상대를 존중해주는 스포츠맨십과 공명정대를 추구하는 페어플레이 정신이 있으면 친구에게 폭력을 사용하지 않게 되기 때문이다.

더불어사는 아름다운 사회를 만들기 위해서는 공동체 의식이 있어야 한다. 나만 좋으면 되는 것이 아니라 가능하면 여러 사람이 함께 좋은 방법을 강구해야 하고, 그러기 위해서는 너와 나는 하나라고 하는 공동체 의식이 반드시 있어냐 한다. 그런데 스포츠 경기에서는 협동정신이 반드시 필요하고, 우리 팀 또는 내가 좋아하는 팀을 응원을 하는 것은 공동체 의식이 발현된 것이다. 그러므로 새로운 학교문화를 발전시키기 위하여 스포츠가 할 수 있는 역할 중에 공동체 의식의 함양이 중요하다.

제9장

스포츠 조직과 윤리

01 스포츠와 정책윤리

① 정치와 스포츠의 관계

오늘날의 정치와 스포츠는 서로 서로를 이용하는 공생의 관계에 있다는 것은 익히 들어왔을 것이다. 일반적으로 '권력을 획득하거나 유지하기 위해서 서로 다투는 것과 권력을 행사하는 활동'을 정치(政治)라고 한다.

정치에서 권력을 다투는 것과 스포츠에서 승리를 다투는 것이 유사하고, 정치에서 권력을 행사하는 것과 스포츠에서 승자의 영광을 누리는 것이 유사하다. 즉 정치와 스포츠는 근본적인 특성이 유사하기 때문에 서로 결합할 수밖에 없고, 정치와 스포츠는 서로 결합해야 서로의 발전에 도움이 된다고 할 수 있다.

다음은 스포츠와 정치의 유사성을 정리한 것이다.

» 스포츠 참여자는 학교 · 지역사회 · 회사 등 조직을 대표하고, 정치인은 지역사회 · 부족 · 단체 국가 등을 대표한다.

» 스포츠 조직과 정치 조직은 모두 고도로 조직화되어 있는데, 조직화되는 과정이 유사하다.

» 정치는 스포츠를 이용하고, 스포츠도 정치를 이용해야 서로 이득이 생긴다. 즉 정치는 스포츠를 이용해서 체제선전을 하고, 스포츠는 정부기관을 이용해서 시설을 건설하고 세제 등에서 혜택을 받는다.

» 스포츠경기를 시작하기 전 또는 후에 하는 의식이 정치의식과 유사하다.

위와 같은 유사성 때문에 정치와 스포츠는 서로 이용하는 공생관계를 유지하고 있다.

스포츠가 정치에 미치는 순기능과 역기능을 정리하면 표 9-1과 같다.

▶ 표 9-1   스포츠의 정치적 기능

순기능	역기능
국민의 화합과 협력	정치선전 및 체제 강화
외교적 승인과 국위 선양	사회통제
국민의 건강과 행복 증진	정치적 시위
국가 간의 화해와 협력	국가 간의 분쟁

이와 반대로 정치가 스포츠를 이용하는 방법에는 상징·동일화·조작 등이 있다.

정치가 스포츠에 개입하는 이유 또는 동기는 다음과 같다.

❖ **국민의 안전과 질서확립**……다수의 국민이 참여하는 스포츠 경기를 통해서 국민의 안전과 질서를 확립할 수 있다.

❖ **국위선양과 경제성장**……가장 효율적으로 국위를 선양할 수 있는 방법이 올림픽과 같은 국제경기에서 금메달을 획득하여 국기를 게양하고 국가를 연주할 수 있는 기회를 잡는 것이다.

❖ **국민화합과 통합**……2002 월드컵대회에서 수백만 명의 국민이 한마음이 되어 우리나라를 응원하였다. 이것보다 더 국민을 화합하고 통합할 수 있는 방법이 있는가?

❖ **강군 육성**……박정희 정권에서 체력은 국력이라는 슬로건을 앞세웠다. 국민의 체력이 좋아야 건전하고 강력한 군대를 유지할 수 있다.

② 스포츠의 사회적 이슈와 윤리성 문제

스포츠라는 사회현상을 설명하는 이론에는 구조기능주의 이론과 갈등론이 있다. 구조기능주의 이론은 사회란 본질적으로 상호 관련되어 의존적인 제도로 구성되어 있어서 조직들이 서로 맡은 바 역할을 잘 해야 안정되는데, 이때 스포츠는 표 9-2에서 순기능적인 역할을 한다고 보는 이론이다.

반대로 갈등이론은 사회란 유산계급과 무산계급, 지배계급과 피지배계급으로 구성되어 있고, 유산계급 또는 지배계급이 무산계급 또는 피지배계급을 착취하고 억누르기 위해서 스포츠를 이용한다고 보기 때문에 표 9-2에서 역기능적인 역할을 한다고 보는 이론이다.

▶ 표 9-2   스포츠의 사회적 기능

순기능	역기능
체제유지와 긴장처리	신체적 소외
사회통합	강제와 사회통제
목표성취	상업주의와 군국주의
적응기제 강화	성차별과 인종차별

윤리는 모든 사람, 모든 분야, 모든 직종에 필요하다. 남편에게는 남편윤리, 부인에게는 부인윤리, 부모에게는 부모윤리, 자녀에게는 자녀윤리, 국민에게는 국민윤리, 기업가에게는 기업윤리, 정치가에게는 정치윤리, 의사에게는 의사윤리, 법조인에게는 법조윤리, 스포츠인에게는 스포츠윤리가 필요하다.

오늘날 우리나라 국민은 생활수준은 크게 높아졌지만, 의식수준과 윤리의식은 거기에 미치지 못하고 있다. 공부와 성공에만 최우선의 가치를 두기 때문에 학교와 가정에서 윤리교육이 거의 이뤄지지 않기 때문이다.

참과 거짓을 파악하는 일은 학문의 영역이고, 아름다움과 추함을 파악하는 일은 미학의 영역이며, 좋은 것과 나쁜 것을 파악하는 것은 윤리의 영역이다. 윤리의식이란 행동과 실천에 있어서 옳고 그름에 대한 인식이다. 윤리적으로 좋거나 선한 것은 옳은 것이며, 윤리적으로 나쁘거나 악한 것은 그릇된 것이다.

그러므로 스포츠와 관련해서 좋거나 선한 것을 행하고 나쁘거나 악한 것을 멀리 하는 것이 스포츠윤리이다. 요즈음 스포츠와 관련하여 사회문제가 되는 것에는 일탈적인 행동의 문제, 폭력과 성폭력의 문제, 외국으로의 귀화문제, 도핑문제 등 아주 다양하다.

이와 같은 사회적 문제를 대할 때에는 반드시 윤리적으로 옳고 그름을 먼저 판단해야 한다. 옳고 그름의 판단이 사람에 따라 서로 다를 수도 있다. 나의 판단과 다르다고 그 사람의 판단이 틀렸다고 주장하면 곤란하다. 여러 각도로 분석하면서 토론을 한 다음 가급적이면 판단이 통일되는 것이 좋다.

그러기 위해서는 윤리적인 문제 해결에 대하여 적극적인 태도를 가져야 한다. 맹목적으로 거부하거나 찬성하는 태도는 좋은 태도라고 할 수 없다. 윤리적인 판단이 도덕성을 갖추었을 때 대다수의 사람들이 공감하고 함께하게 될 것이다.

❸ 스포츠정책과 윤리성 문제

정책이 무엇인지에 대한 개념 정의는 학자에 따라서 조금씩 다르다. 그러나 그것들을 "주로 정부기관이 공식적으로 결정한 미래지향적인 기본방

침으로, 바람직한 사회 상태를 이룩하려는 정책목표와 그것을 달성하기 위해서 필요한 정책수단과 정책대상으로 구성된다."고 종합적으로 정리할 수 있다.

그러므로 정책분석, 정책결정, 정책집행, 정책평가 등의 작업과정이 있어야 한다. 이 경우 여러 사람을 대상으로 하기 때문에 윤리적 문제가 발생한다. 여기에서는 스포츠와 관련된 정책을 입안해서 집행한 다음 평가하는 과정에서 발생할 수 있는 윤리적인 문제 즉, 스포츠정책의 윤리문제에 대하여 생각하여 보기로 한다.

스포츠정책 윤리를 미시적인 관점으로 보면 스포츠정책을 입안하여 집행하는 과정에서 부정부패를 방지하거나 어떤 행동을 하면 안 된다는 식으로 규제하는 것이다. 그러나 거시적인 관점에서 보면 스포츠정책의 공익성과 봉사정신을 강조하는 것이 된다. 스포츠 발전을 위해서는 스포츠 정책의 윤리성이 반드시 확립되어야 한다.

02 심판의 윤리

❶ 심판의 도덕적 조건

국제체조연맹(FIG) 심판선서문에는 "우리들은 심판으로서 자기의 명예를 걸고 스포츠의 공정한 정신과 스포츠의 존엄만을 염두에 두고, 인물이나 소속을 고려하지 않고, 실시되는 연기 자체에 대하여 양심적으로 채점할 것을 선서합니다."라고 명문화되어 있다.

심판에게 주어진 가장 근본적이고 중요한 과제는 '결과에 책임을 지는 것'이다. 심판이 부정을 저지른다고 하면 심판의 선서, 심판의 임무나 과제, 나아가서는 심판의 존재 자체가 의심받을 수밖에 없게 된다. 본래 심판은 누구에게나 절대적으로 신뢰받는 존재이어야만 하기 때문에 그 판정 및 평가가 항상 객관적이고 공정해야 한다.

심판이 자신의 과제를 완수하기 위해서는 규칙에 뒷받침된 판단을 즉시 하는 능력과 도덕성이 기본적으로 있어야 한다. 규칙에 뒷받침된 판단을 즉시 하는 능력은 선수가 경기 중에 기량을 최대한으로 발휘하는 것과 동일한 의미이고, 도덕성은 심판의 기본적인 자질로서 필요한 것이다.

이 두 가지 능력을 충분히 갖추고 있으면 신뢰받는 심판이라고 할 수 있다. 사람은 스스로를 엄격하게 다스림으로써 스스로를 규제하는 힘이 길러진다. 따라서 심판은 심판으로서의 자질을 향상하기 위해서 노력하여야 공명정대하고 책임감이 강한 심판이 될 수 있다.

스포츠에서 규칙의 중요성이 강조되는 것은 시합의 결과가 중대한 의미나 가치를 가질 때이다. 예를 들어 동네야구와 같이 즐기는 것만을 의도한 경기에서는 엄격한 규칙을 운용하는 심판을 필요로 하지 않는다. 거기에서는 선수가 스스로가 심판을 겸임한 형태로 충분히 즐길 수가 있다.

그러나 경기 결과가 역사에 남을 만큼 중요한 의미나 가치를 갖거나, 금품 또는 명예의 획득으로 이어지게 되면 이야기는 다르다. 그러한 경우에는 경기를 지배하는 규칙이 지극히 중요한 의미를 가짐과 동시에 심판의 책임을 묻게 된다.

심판이 공정하게 판정하기 위해서는 사심을 버리고 심판의 임무에 철저해야만 한다. 당연히 심판은 자기나라 선수든 남의 나라 선수든 관계없이 언제 어디서라도 규칙에 따라 공정하게 판정을 내려야만 한다.

인간은 애초에 과오를 저지르는 동물이지만, 그렇다고 해서 고의로 잘

못을 범하는 일은 허용되지 않는다. 의도적인 잘못은 사람과 사람의 신뢰관계를 무너뜨린다. 오심은 ① 심판의 능력 부족으로 정당하게 평가하지 못하거나, ② 심판의 부주의나 착각에 의하여 발생하는 것이다.

그러나 불공정 심판은 의도적으로 자기 나라 또는 자기와 관계가 있는 팀이나 선수에게 지나치게 높은 점수를 주거나, 상대 팀이나 선수에게 부당하게 낮은 점수를 매기는 것이다. 이러한 것은 개인의 의사로 이루어지는 경우도 있지만, 무형·유형의 외적 압력을 받아 이루어지는 경우도 있다.

심판이 갖추어야 할 윤리기준을 간단하게 간추리면 다음과 같다.

» 공평무사하고 공명정대하게 심판을 보아야 한다.

» 청렴결백해야 한다.

» 편견과 차별성을 가지면 안 된다.

❷ 심판의 사회적 역할과 과제

경기규칙에 따라 정당하게 경기가 진행될 수 있도록 규칙 준수를 감시하고, 경기의 흐름을 조율하는 것이 심판의 임무이다. 그러므로 심판은 경기장의 최고 사령관이자 집행관이다. 선수들은 심판의 판정에 승복하고 그의 지시에 따라서 경기를 진행해야 한다.

그러나 심판이 능력부족이나 실수로 오심을 하거나 의도적으로 편파적인 판정을 하면 경기가 제대로 진행되지 못하거나 엉망이 되어버린다. 이런 경우에는 심판이 반드시 책임을 져야 한다. 즉 심판은 경기를 진두지휘하는 권한이 있는 대신에 자신이 판정한 결과에 대한 책임을 져야 한다.

권한이 있는 곳에는 반드시 책임이 따르듯 심판이 판정하는 행위에는 사회적인 순기능과 역기능이 모두 있다. 표 9-3은 심판의 판정행위가 갖고 있는 사회적 순기능과 역기능을 정리한 것이다.

▶ 표 9-3   심판의 사회적 역할과 과제

심판의 순기능	심판의 역기능	역기능을 최소화하기 위한 방안
» 심판의 판정행위는 심판의 기술적 판단행위이므로 윤리적 가치가 있다. » 심판의 판정은 보편 타당성이 있고 객관적 필연성이 있다. » 심판의 판정 행위는 심판에 절제 있는 자세이다.	» 심판의 오심 » 심판의 편파 판정	» 심판의 징계 강화 » 비디오판독 등 객관적인 심판제도의 도입 » 정기적인 심판 보수교육 » 심판 윤리교육 강화

03 스포츠조직의 윤리경영

❶ 스포츠경영자의 윤리의식 : 윤리적 리더십

윤리경영이란 기업활동에서 윤리를 최우선 가치로 생각하며, 모든 업무활동의 기준을 윤리 규범에 두고 투명하고 합리적으로 업무를 수행하는 것을 말한다. 기업은 공통의 목적 아래 모인 경영자·종업원·소비자·지역사회 등의 이해집단들이 협동하는 공동체이므로 경영윤리에서 벗어나 수단과 방법을 가리지 않고 이득만 취하려고 해서는 안 된다.

스포츠가 상업화·산업화되면서 스포츠단체, 프로스포츠 리그, 선수, 스포츠 마케팅 현장 등에서 비윤리적인 활동과 사건·사고들이 빈번하게 발생하면서 스포츠 산업의 윤리경영 문제가 대두되었다.

스포츠산업 분야의 비윤리적 경영은 스포츠 전반에 대하여 부정적인 인식을 줄 수 있으므로 윤리경영의 필요성에 대한 확신을 갖고, 윤리강령과 행동규칙을 명확하게 하여야 한다.

스포츠산업 분야의 경영자가 가져야 할 윤리적 리더십을 정리하면 다음과 같다.

» 능률향상을 위해서 노동을 강화하지 말 것
» 인사에서 정실을 배제하고 객관적 공정을 기할 것
» 공과 사를 혼동하지 말 것
» 인간성을 존중하고 개인의 존엄을 상하게 하지 말 것
» 공해 등의 사회적 비용을 항상 고려할 것
» 과대선전 등으로 소비자를 기만하지 말 것
» 품질의 부당표시 · 강매 등 불공정 거래를 하지 말 것
» 분식회계 등으로 이해관계자를 기만하지 말 것
» 사회복지에 공헌할 것

❷ 스포츠조직의 불공정 행위와 조직윤리

지금까지 현대스포츠에 관한 논의를 하면서 줄곧 개인으로서의 선수보다는 조직으로서의 학교, 팀, 동호인 클럽, 프로스포츠 구단 등을 중심으로 논의하였다. 그것은 현대스포츠는 개인 보다는 하나의 조직으로 행동하는 것이 더 많기 때문이다. 이와 같이 개인이 아닌 조직으로 활동을 하면 개인윤리로서는 설명할 수 없는 일이 벌어지게 되는데, 이때에는 조직윤리 측면에서 접근해야 한다.

　　조직윤리는 두 가지로 생각할 수 있다. ① 하나는 조직의 구성원이 업무 수행을 할 때 조직의 공통적인 목적 달성을 위해서 행동규범으로 지켜야 할 윤리이고, ② 다른 하나는 조직이 하나의 공동체로서 활동을 할 때 상대가 되는 단체(조직) 또는 개인에게 지켜주어야 할 윤리·도덕이다.

　　①의 경우에는 조직윤리가 개인윤리보다 상위이기 때문에 개인적인 도덕성만으로는 해결되지 않는다. 즉 개인윤리로 보아서는 불공정한 일이지만 조직윤리로 보아서는 따라야 하는 경우가 나올 수도 있다.

　　②의 경우는 개인이 아닌 단체이기 때문에 도덕적 규범이 한층 더 강화되어야 한다. 즉 단체는 구성원 여러 사람이 지켜야 하기 때문에 개인과 똑같은 강도의 윤리규범으로는 안 된다.

　　그러나 두 가지 경우 모두 개인윤리와 관련이 매우 깊고, 단체의 역할과 기능 또는 요구 사항에 성실하게 협력하여야 한다는 것은 분명하다.

　　스포츠 조직에서 비윤리적인 행동이 일어나는 원인은 다음과 같다.

❖ **개인윤리의 소멸**……인간은 성장하면서 각종 윤리적 원칙과 도덕성을 가족·친구·종교·제도·학교·기타 준거조직으로부터 학습하지만, 이러한 개인윤리가 어떠한 이유로 소멸되면 비윤리적인 행동을 하게 된다.

❖ **자기관심만의 추구**……다른 사람 또는 다른 조직은 신경도 쓰지 않고 오직 나만 또는 우리만 생각할 때 비윤리적인 문제가 발생하게 된다.

❖ **경영상의 어려움**……어려움에 빠진 기업일수록 비윤리적 행동이 증가한다.

❖ **외부압력**……사람들이 업무를 수행할 때 외부압력을 강하게 받으면 비윤리적인 행동이 증가하고, 개인적이기보다는 조직적인 행동으로

위장하여 정당화하려고 노력한다.

베버(Weber, M.)는 『소명으로서의 정치』에서 심정윤리와 책임윤리를 말했다.

심정윤리적인 행위준칙은 행위의 결과보다 행위를 유발하는 선의 의지나 도덕적 신념 또는 확신에 상대적인 우위를 두는 반면, 책임윤리적인 행위준칙은 행위로부터 예견되는 결과와 그 결과에 대한 책임에 더 무게를 둔다. 이념적으로는 두 가지 윤리적 준칙은 상호 충돌하기보다는 내적으로 지양되어야 한다.

그런데 현실적으로 사태의 모든 국면에서 내적 지양이 가능하지 않다면 책임윤리가 상대적으로 중요하게 고려되어야 한다고 주장하였다. 즉 정치인이거나 스포츠와 같은 공익단체의 구성원이라면 선한 동기보다는 좋은 결과를 우위에 두고 판단하고 결정해야 한다는 것이다.

참|고|문|헌

구창모, 권순용 역(2011). 현대스포츠사회학. 대한미디어.

김동규, 구강본(2007). "스포츠윤리의 정초와 실천과제". 한국체육학회지, 46(5), 105-117.

김동규(2013). 세계체육사. 영남대학교 출판부.

김병준, 김설향, 문익수, 양은석 외 역(2007). 코칭과학. 대한미디어.

김성복 역(2005). 뉴마인드 코칭론. 대경북스

문화체육관광부(2013). 2012 장애인생활체육실태조사보고서.

송형석(2006). 함께 읽는 체육 · 스포츠 이야기. 계명대학교 출판부.

원영신(2004). 스포츠사회학 플러스. 대경북스.

이승훈, 김동규(2011). "도핑의 변천과 반도핑의 정당성 논의". 한국체육철학회지, 19(1). 15-32.

이승훈(2014). "스포츠맨십의 윤리학적 해석과 비판적 정초". 영남대학교 대학원.

이종은(2010). 정치와 윤리. 책세상.

이창섭, 남상우(2013). 스포츠사회학. 궁미디어.

임번장(1993). 스포츠사회학개론. 동화문화사.

조효남(2008). 현대공학윤리. 구미서관.

최병문(2009). "스포츠폭력의 유형과 대책". 스포츠와 법. 12(4). 357-278.

최승권 외 5인(2007). 장애인스포츠. 무지개사.

한국체육철학회(2015). 스포츠윤리. 대한미디어.

함정혜, 박현애(2007). "운동선수에 대한 폭력 피해방지를 위한 법적 제도적 방안에 대한 철학적 접근". 한국여성 체육학회지 21(2).

近藤良享(2004). スポーツ倫理探求. 大修館書店.

近藤良享(2012). スポーツ倫理. 不昧堂出版.

川谷茂樹(2011). スポーツ倫理学講義. ナカニシヤ出版.

Best, D. (1988). *The Aesthetic in Sport*. In W. Morgan & K. Meier (Eds). *Philosophic Inquiry in Sport (2nd ed)* (pp. 277-289). Champaign, IL: Human Kinetics.

Brown, M. E. & Trevino, L. K. (2006). "Ethical leadership: A review and future directions". Leadership Quarterly, 17. 595-616.

Holowchak, M. A. (2002). *Philosphy of Sport*. New Jersey.

McNamee, M. J., Parry, S. J. edit. (1998). *Sport and Ethic*, New York: Taylors & Francis, PP. 39., Loland, S. (2002). Fair play in sport. N. Y.: Routledge.

Mehlman, Maxwell J. (2009). *The Price of Perfection: Individualism and Society in the Era of Biomedical Enhancement*. Baltimore: THE Johns Hopkins University Press.

Munthe Christian(2007). "Making winners in the age of genetic". *In Ethics in Sport.* Edlied by William J. Morgan, IL: Human Kinetics.

NcNamee, M. J., Parry, S. J. (1998). *Ethics and Sport,* London and New York.

Northhouse, P. G. (2001). *Leadership: Theory and practice.* Sage Publications, Inc.

Pray, L. (2008). "Sports, Gene Doping, and WADA". *Nature Education,* 1(1): 77.

Rawls, J. (1999). *The Priority of Right and Ideas of the Good.* In S. Freeman (Ed).), John Rawls: Collected Papers (pp. 430-454). Cambridge. MA: Harvard University Press.

Simon, R. L. (2004). *Fair Play. The Ethics of Sport (2nd ed.).* Boulder: Westview Press.

Wood, R. B. (2007). *Social Issues in Sport.* Champaign, IL: Human Kinetics

Taylor, P. W. (1986). *Respect for Nature. A Theory of Environmental Ethics. Studies in Moral, Polical, and Legal Philosophy.* Princeton University Press: Princeton.

The National Alliance for Youth Sports(2001). *National Standard for Youth Sports. West Palm Beach,* FL: The National Alliance in for Youth Sports.

찾아보기